|多维人文学术研究丛书|

新潮旅游英语解读
基于语言认知

向晓 | 著

中国书籍出版社
China Book Press

图书在版编目（CIP）数据

新潮旅游英语解读：基于语言认知/向晓著. —北京：中国书籍出版社，2020.1
　ISBN 978-7-5068-7711-4

Ⅰ.①新… Ⅱ.①向… Ⅲ.①旅游—英语—教学研究 Ⅳ.①F59

中国版本图书馆 CIP 数据核字（2019）第 290920 号

新潮旅游英语解读：基于语言认知

向　晓著

责任编辑	兰兆媛　李雯璐
责任印制	孙马飞　马　芝
封面设计	中联华文
出版发行	中国书籍出版社
地　　址	北京市丰台区三路居路97号（邮编：100073）
电　　话	（010）52257143（总编室）　（010）52257140（发行部）
电子邮箱	eo@chinabp.com.cn
经　　销	全国新华书店
印　　刷	三河市华东印刷有限公司
开　　本	710毫米×1000毫米　1/16
字　　数	201千字
印　　张	14
版　　次	2020年1月第1版　2020年1月第1次印刷
书　　号	ISBN 978-7-5068-7711-4
定　　价	89.00元

版权所有　翻印必究

自　序

　　我喜欢研究旅游英语是已经有近30年的历史，旅游英语是最有趣的，可以帮助我们走遍世界。初次接触旅游英语觉得比较难，单词、术语非常多并且很难记住，句子的翻译很多不符合常规，语篇类型多而乱，好像头脑中难以形成清晰头绪；后来，通过对该类课程特征的比较、分析、归纳，担任该类课程的教学工作就感觉轻松多了。

　　2004年秋，我的领导邀我编写《旅游专业英语》并担任副主编，那时我激情很高，也许是出版社年年组织我们英语教师旅游，因而产生了一种偏爱的缘故吧。我们收集了湖南省几乎所有书店以及各重点本科院校图书馆的旅游英语类教材以及相关专著；此外，从全国各地著名旅游景点收集一线资料，也通过海外同学和留学生从国外采集一线资料。2012年10月，我们结合导游工作过程开发了《旅游实务英语》和《旅游实务英语辅导用书》，通过这些积累我学到了许多东西。

　　我正式开始研究旅游英语是在2005年。那时我正在湖南师范大学读研究生，学校同时给我们开了好几门课，学习的课程有普通语言学、认知语言学、语义学、句法学、话语分析、英汉对比语言学等。也许是多年没有当学生的原因，我觉得每一门课都很有趣，每次上课都想参与课堂讨论，我几乎每一门课都写了一到两篇课程论文。因此，2006年公开发表论文11篇，其中旅游英语相关论文6篇，教学改革论文5篇。此外，《旅游专业英语》国家级规划教材2006年也由大连理工大学出版社正式出版。2007—2008年又发表论文11篇，其中4篇为旅游英语类论文。这些论文主要发表在著名旅游风景区所在地的大学学报上，如西安外国语大学、四川外国语学院、四川教育学院、乐山师范学院、黄山学院、安阳工学院、广西教育学院、牡丹江大学、内蒙古师范大学等。我发现我们的论文实用性较强，并且基本上形成了词汇、句法、语篇的简单论文系列。在词汇方面有《旅游英语词语动态研究》《旅游词语汉英文化对比》；在语义方面有《论旅游英语中的情景意义与文化模式》《从文化的角度研究旅游英语中隐喻的构建》；在句子方面有《旅游英语句法动态研究》；在语篇方面有《意象图式与旅游英语景点段落构建及其教学启示》《脚本理论与情景会话的构建》《旅游景点语篇原型范畴研究与运用》《图式理论与旅游英语景点语篇构建》；在整体研究方面有学位论文《旅游英语特征研究的认知语言学视角》。于是，我产生了著书的想法，决定以认知语言学理论为指导，以旅游英语语言为研究对象，对现有研究成果进行拓展和深入。但是当时已有的研究主要是关于旅游英语普适性特征的研究。于是，2008年，我的研究重点转向旅游英语应变性特征的研究，即在认知语境中结合游客社会关系（政治、经济、宗教信仰等）和游客个体特征（身份、职业、年龄、性格等）进行研究，培养导游随机应变能力。2009年，研究方向转向教学实践，笔者主持的课题《高职院校专门用途英语课程、教学内容和教学方法的改革研究与实践》被评为湖南省教育厅职业院校教育教学改革重点立项课题；参与的商务英语精品课程也被评为湖南省教育厅职业院校大学英语改革重点建设项目。

  本书在选题、理论应用、研究对象、研究方法和研究前景等方面都有一定的创新。首先，选题讲究经济效益，科研与产业相结合。旅游产业是我国的支柱性产业，以旅游英语为媒介，提高对游客的服务质量，兴旺旅游业，可以繁荣我国经济。本书应用性较强，现有的旅游英语研究成果得到了多所著名旅游风景区所在大学专家的认可，旅游英语研究论文分布在全国各地10多所普通高等学校。研究视角有个性，理论应用与众不同；前人的研究主要从功能语言学、文体学、社会学等角度研究旅游英语，本书综合各派语言学的成果，主要从认知语言学的角度归纳英语语言特征，阐释旅游英语现象,这可以在具体的语境中完善认知语言学理论。目前专门从认知的角度研究旅游英语的人不多,并且主要是对语言现象的归纳,没有形成体系,他们强调静态特征,没有深入语言现象内部,寻找语言特征的理据,很少涉及语言的应变性特征。本书主要采取描写、分析、归纳和抽象的方法综合、系统地研究旅游英语语言,在研究过程中从个体到群体,从单项到多项,从具体到抽象,从现象到本质,从理论到实践,研究思路比较清晰,所牵涉的理论能自然形成理论框架。研究成果具有独创性。目前有关旅游英语的专著很少,特别是对旅游英语语言进行认知解读还没有先例。另外,本书比较全面、系统,内容从词汇、句法、语篇到语境形成一条龙的研究体系,研究方式从静态的语言研究过渡到动态的语言研究,从语言本体研究过渡到语言应用研究,研究呈现逐渐深入的趋势。结构体系比较完整,可分为理论体系、本体研究体系和成果应用体系三大部分。该书采用图、表、模式、公式等方法分析和阐述语言现象,总结语言规律,构建语言教学模式,力争让更多的读者受益。例如,在长达几年的旅游英语研究中,通过反复琢磨,发现语言的共性越来越明显,语言本体词汇、句法、语篇的表达可以用一个总的通用公式来表示,并且,公式具有生成性特征,每类实体的演变都是按照同样的顺序在循环,主要实体的演变规律也基本上能用一个公式来表示。我想这些研究对语言的继续探讨和应用都会很有价值的。

  在这里,我由衷地感谢我的研究生导师——湖南师范大学外国语学院廖光蓉教授,是她循循善诱的指导,把我引上了学术之路,本书也是学位论文的继续。我的导师不仅指导我们怎样完成学位论文,最关键的是启迪我们思考,帮助我们找到科研的途径和方法。导师虽然科研、教学非常繁忙,但是依然关心我们的成长,一直没有中断对我们的指导。此外,我的导师自身孜孜不倦的学术追求和关心后学的高尚人格也为我们树立了无声的榜样。同时,我非常感谢我的访问学者导师湖南师范大学白解红教授,无论在读研期间还是访学期间都给了我很多指导、关心和帮助;我还要感谢我的母校湖南师范大学外国语学院所有的任课老师:石毓智、蒋坚松、王崇义、秦裕祥、刘学民、黄慧敏等教授对我的课程论文的指导和启迪，这些积累为本书的写作提供了基础。

在这里，我还要感谢西安外国语大学、大连理工大学、四川外国语学院、四川教育学院、乐山师范学院、成都大学、黄山学院、安阳工学院、广西教育学院、牡丹江大学、内蒙古师范大学、长春理工大学、中国教育导刊等校校报编辑部对本专著初期成果的认可，同时，非常感谢对外经济贸易大学为我的后续研究提供了平台。此外，特别感谢匿名专家给予的指导。

感谢全体同事对我的支持和帮助。感谢我的朋友湖南农业大学外国语学院张春辉、娄底职业技术学院外语系李健民、长沙学院王海燕等教授为我的研究提供资料和参考意见。我还要感谢我的丈夫和儿子给予的支持和理解。

最后，对为本次专著出版付出辛勤劳动的专家以及全体工作人员，在此一并深表谢忱！

目 录
CONTENTS

第一章 引论 ··· 1
  第一节 选题缘由 ··· 1
  第二节 新潮旅游英语语言认知解读相关研究现状 ············· 3
  第三节 需要解决的一些问题 ··· 8
  第四节 研究视角与方法 ·· 10
  第五节 本书基本框架 ·· 12

第二章 理论概述 ·· 14
  第一节 认知简介 ·· 14
  第二节 新潮旅游英语语言认知解读相关理论 ·················· 17
  第三节 新潮旅游英语语言认知解读理论框架 ·················· 31

第三章 词汇 ··· 34
  第一节 认知与构词 ·· 34
  第二节 认知与术语构建 ·· 37
  第三节 认知与词汇搭配 ·· 40
  第四节 认知与词义 ·· 44
  第五节 小结 ··· 57

第四章 句子 ……………………………………………… 58
第一节 句子认知基础 …………………………………… 58
第二节 认知与语言成分 ………………………………… 62
第三节 认知与句型 ……………………………………… 65
第四节 认知与语态 ……………………………………… 69
第五节 认知与句子衔接 ………………………………… 70
第六节 小结 ……………………………………………… 73

第五章 语 篇 …………………………………………… 75
第一节 认知与情景会话 ………………………………… 75
第二节 认知与景点段落 ………………………………… 84
第三节 认知与景点语篇 ………………………………… 92
第四节 小结 ……………………………………………… 97

第六章 语 境 …………………………………………… 99
第一节 旅游英语中的情景语境 ………………………… 99
第二节 旅游英语中的文化语境 ………………………… 103
第三节 旅游英语中的认知语境 ………………………… 111
第四节 小结 ……………………………………………… 121

第七章 教 学 …………………………………………… 124
第一节 原型范畴理论与教学 …………………………… 124
第二节 隐喻理论与教学 ………………………………… 131
第三节 象似性理论与教学 ……………………………… 136
第四节 意象图式理论与教学 …………………………… 141
第五节 框架、脚本理论与教学 ………………………… 142
第六节 图式理论与教学 ………………………………… 146
第七节 小结 ……………………………………………… 151

第八章 习 得 ·············· 154
第一节 习得的认知基础 ·············· 154
第二节 习得的认知规律 ·············· 156
第三节 认知与习得能力 ·············· 167
第四节 小结 ·············· 185

第九章 结 语 ·············· 187
第一节 特色与创新 ·············· 187
第二节 主要观点 ·············· 189
第三节 研究的局限性 ·············· 192
第四节 回顾与展望 ·············· 193

参考文献 ·············· 195

后 记 ·············· 210

第一章

引 论

旅游英语（Tourism English）是专门为旅游业（Tourism Industry）提供涉外旅游服务的主要语言之一。旅游业是指为旅游者提供服务的相关行业的统称，它以旅游者为对象，尽力为旅游活动创造有利条件，并提供吃、住、行、游、购、娱等方面所需服务与所需商品的综合性产业，其中包括餐饮业、旅馆业、交通运输业、旅游景区业、零售业和娱乐服务业等产业。旅游英语是旅游业发展的产物，在涉外导游、涉外酒店、旅游机构等方面是主要的交流媒介，是沟通中西文化的桥梁和纽带；它像科技英语、商务英语等一样属于专门用途英语（English for Specific Purposes）的一个分支，它涉及语言学、美学、心理学、历史学、文化学、文学、艺术、伦理学以及宗教等多门学科的知识。然而，旅游英语归根结底是与人的身心体验、语言交际双方的素质以及语言语境密切相关。因此，从认知的角度研究语言能使多门知识在语言的使用过程中有机融合而产生实际应用效果。

第一节 选题缘由

发展旅游业，能增加当地人口的就业机会，解决社会就业中的部分难题，同时，各地游客的引入，增加了当地居民和外地人的接触和交往，促进了相互间的文化交流，扩大了视野，可以提高居民文化素养；发展旅游业还可以促进其他产业的发展，刺激旅游者的消费，从而可以形成和扩大新的消费市场。因此，强调旅游方面的研究，对经济的发展能起巨大的推动作用。以习近平新时代中国特色社会主义思想为指导，努力推进文化和旅游高质量发展，取得了明显的成效。2018年为"美丽中国–2018年全域旅游年"，宣传口号"新时代，新旅游，新获得""全域旅游，全新追求"。旅游语言研究应该与时俱进，紧跟时代步伐。

中国是世界四大文明古国之一，不仅地大物博、历史悠久，而且旅游资源十分丰富。2019年"文化和自然遗产日"新闻发布会上发布，全球共有1092处世界遗产（World heritage），中国已有53处遗产被联合国教科文组织（United Nations Educational, Scientific, and Cultural Organization）世界遗产委员会批准列入《世界遗产名录》，仅次于意大利，占全球第二位，而这些遗产只是我国众多珍贵的自然与文化景观中的极少数，可供挖掘、开发的旅游资源非常多。为了展示中国灿烂的东方文化和多姿多彩的自然风光，使中国走向世界，语言是最基本的依托。俗话说："美不美，就看导游一张嘴。"如何吸引游客，提高对游客的服务质量，语言是关键。

旅游英语是专门用途英语的一个分支，它随着旅游语境的产生而产生，随着旅游产业规模的壮大而发展。旅游英语是一门具体语境中的语言，是自然与语言的融合，在语言表达中，既存在普通英语的共性，又有自己的特征，结合人的身心体验对旅游英语语言进行认知解读，可以帮助旅游英语习得者明确习得内容，找到正确的习得路径、习得方法、习得策略以便提高习得效率，同样，为教育工作者学科特色教学提供理论依据。

本书意图在具体的语言实践中，通过阐释旅游英语语言现象和语言特征，检验和完善认知语言学理论（Cognitive Linguistic Theory），再利用研究成果探讨它在旅游英语教学和习得等方面的应用前景，为教育工作者提供教学指导。

第二节　新潮旅游英语语言认知解读相关研究现状

旅游经济的发展促进了学术界对旅游语言的研究。旅游资料大量涌现，特别是有关旅游景点介绍的书籍比较多。学术研究主要是翻译方面较多，其次是旅游与文化以及英汉对比等研究；这些成果对新潮旅游英语语言认知研究很有启示，同时也为本书的编写提供了一些参考资料。目前，在应用语言学方面的研究比较少，对旅游英语的研究大部分是对语言现象的归纳；对语言存在的理据，进行研究的人很少，涉及的理论主要是文体学和功能语言学等。根据中国知网论文期刊数据库统计，从认知语言学的角度解读旅游英语语言的人不多。国外对旅游英语的研究也较少，他们主要从文化的角度研究旅游英语，并且研究角度比较单一，但他们的成果对本研究也很有启示。下面主要从旅游英语语言研究动态和认知语言学理论两个方面进行比较具体的分析与述评。

一、旅游英语语言研究现状

（一）国外旅游英语研究现状

1995年，艾伦·路易（Alan A. Lew）和劳伦斯·尤（Lawrence·Yu）合著的 Tourism in China Geographic, Political, and Economic Perspectives 就旅游跨文化交际做过一些研究；1985年，麦金托什（Ron Mackintosh）与罗伯特（Robert）等编著出版的 Tourism 中也提及旅游与跨文化交际能力培养的互动关系。总之，国外专门研究旅游英语的人比较少；旅游英语与认知语言学相结合的情况还没有先例。

（二）国内旅游资料翻译与文化研究现状

在有关旅游资料翻译的论文中，刘锋、金起元（1995），姚保荣、韩棋（1998），韦宇冰（2004）等人在他们的论文中分别指出，旅游资料的英译可根据实际需要，常用释义、增补、类比、删减、再创造等手法对译文进行调整，以达到旅游宣传的目的。这些观点表明了旅游英语句型结构不同于通用英语句型结构的部分理由，同时它对旅游英语语篇结构的布局也有一定的指导作用。周少蓉（2007）等从功能翻译理论的角度研究旅游文本的英译，他们的研究为旅游英语语义特征研究打下了基础。在文化与翻译相结合的论文中，陈刚（2002）在《跨文化意识——导游词译者之必备》一文中指出，导游必须始终以旅游者为导向，并以传播中国文化为己任，并强调译者应在五个方面具备跨文化意识：(1) 地名和景点名字的拼写；(2) 景点和历史人物翻译；(3) 语用意义；(4) 诗词翻译；(5) 文化信息处理。他们的观点对旅游英语词语的构建有一定的指导作用。纪爱梅（2002）、李双武（2007）的学位论文从区域文化的角度研究旅游文化的英译，对本土文化的宣扬有积极作用。曹波、姚忠（2000，2016）等人的著作对旅游文化及旅游翻译研究做出了突出贡献。李春（2006）、李潇萧（2008）等就英语导游在跨文化交际中的失误现象进行了研究，对导游消除文化障碍有借用意义；赵莉莉（2013）对"跨文化视角下旅游英语翻译策略"（2013：369）进行了研究。在认知语用学领域，姚忠、曹波（2016）利用关联理论遵循"最小—最大"原则，通过"明示"和"推理"实现译文与译文读者的"最佳关联"，实现"最佳语境效果"。

  (三) 国内旅游英语特征研究现状

  在词语、语义方面，韩荔华（1997）在《导游词语言技巧》一文中主要利用传统词义范畴的各种因素来锤炼导游词，如：词与词之间的同义、反义、多义等现象；词义的音响、颜色、形象、感情、语体、时代等语义色彩；根据特定的语境需要，对词义的主观阐释。在词语方面，导游词写作更讲究各种因素的巧妙运用。如：词语词形、词语的变性、词语换用等。杨梅（2004）在描述旅游英语词汇特征时，认为旅游英语语言中要大量使用名词性词组、形容词、动词。在她所描述的语境中，这些观点是正确的。但是她缺乏对词语使用的整体范围的研究。

  在句子方面，韩荔华（1997）指出，要注意句式的结构布置，不仅要注意常式句与变式句，长句与短句，松句与紧句的调整，而且要注意整句句式以及整句与散句的错综使用。韩荔华的观点是在中文句子的研究中总结出来的，对英语语言也有一定的借用意义。杨梅（2004）在描述旅游英语句法特征时，认为要多用简单句和简单复合句，少用结构复杂的复合句，多使用疑问句。这些是本研究所认同的。但是她没有寻找理论依据，没有提出切实可行的方法。此外，她还认为多用祈使句表示请求、命令、叮嘱、号召等语气。我们认为这是旅游英语语句中的特殊性，不属于旅游英语中的普遍特征，只有在一定的条件下才能成立。

在语篇方面，何小庭（2001）指出，旅游应用文的语言必须讲究准确、平实、简明、得体，具有平实质朴的文风，具有说明和解决实际问题的价值。他的观点体现了文体的整体特点，但缺乏详细的事例。朱华（2004）在《四川英语导游景点讲解》一书中指出，导游讲解的方法有十四条：陈述法、描绘法、解释法、引用法、类比法、分段讲解法、制造悬念法、有问有答法、触景生情法、虚实结合法、引而不发法、引人入胜法、画龙点睛法等。他的讲解方法比较全面，且有具体的实例，但缺乏理论的支持。姚宝荣（1998）在《论英文导游词的创作》一文中指出，导游词的创作应考虑文化差异，考虑导游词口语化、知识性、趣味性等基本特点。本书的观点是导游词是介于口语和书面语之间的语言。王洪滨（1998）提出了导游词创作的四项原则，即个性原则、整体原则、市场原则和时代色彩原则等。这些观点立意新颖，但没有进一步分析和研究。张宏刚（2008）、樊俊雅（2008）从系统功能语言学的角度研究旅游英语语篇和语篇的连贯。总之，语篇的研究从简单的归纳上升到理论的角度，研究呈现逐渐深入的趋势。但是，在他们的研究中还没有人使用认知语言学理论对旅游英语语言进行认知解读。

二、认知语言学研究现状

（一）国外认知语言学研究综述

认知语言学是20世纪80年代以来在美国和欧洲兴起的新的语言学科。

从转换生成（TG）学派分裂出来的生成语义学家有 Lakoff, Langacker, Fillmore 等。Lakoff 和 Johnson 于 1980 年出版了《我们赖以生存的隐喻》（*Metaphors We Live By*），于 1999 年出版了《基于身体的哲学——体验性心智以及对西方思想的挑战》（*Philosophy in the Flesh – The Embodied Mind and Its Challenge to Western Thought*），Johnson 于 1987 年出版了《心智中的身体——意义、想象和推理的身体基础》（*The Body in the Mind—The Bodily Basis of Meaning, Imagination &Reason*）。Lakoff 于 1987 年出版了《女人、火与危险事物——范畴对于心智揭示了什么》（*Women, Fire and Dangerous Things: What Categories Reveal about the Mind*）。Langacker（1987，1991）出版了《认知语法基础》第一卷和第二卷（*Foundations of Cognitive Grammar, Vol. I, Vol. II*）。从认知和/或功能角度研究语言的主要学者有 Taylor, Dirven, Talmy, Geeraers, Turner, Sweetser, Rudzka-Ostyn 等。他们主张运用普遍认知方式来解释语言形式和功能，研究语言表达背后的认知机制。其中 Taylor 于 1989 年出版了《语言范畴化——语言学理论中的原型》（*Linguistic Categorization – Prototypes in Linguistic Theory*），于 1996 年出版了《英语中的所有格构造——一项从认知语法角度的研究》（*Possessives in English—An Exploration in Cognitive Grammar*），于 2002 年出版了《认知语法》等。Sweetser 于 1990 年出版了《从词源学到语用学——语义结构的隐喻观和文化观》（*From Etymology to Pragmatics – Metaphorical and Cultural Aspects of Semantic Structure*）。研究语言共性和类型学，或从类型学和认知角度研究语义演变、语法化、象似性等现象的学者有：Haiman, Heine, Hopper, Traugott 等。此外还有认知语言学家 Sperber 和 Wilson 等。他们的研究成果为认知语言学的继续研究打下了基础，但是他们没有结合专门用途英语进行具体研究，因而，所得理论没有在具体的语言语境中得到检验和发展。

（二）国内认知语言学的研究综述

认知语言学的基本观点得到了我国学者的广泛响应，主要出版的与本研究有关认知语言学的专著：张敏（1998）《认知语言学与汉语名词短语》,袁毓林(1998)《语言的认知研究与计算分析》,熊学亮(1999)《认知语言学概论》,王寅(1999)《论语言符号象似性》、(2005)《认知语言学探索》、(2006)《认知语法概论》、(2007)《认知语言学》,石毓智(2000)《语法的认知语法基础》,束定芳(2000)《隐喻学研究》、(2008)《认知语义学》、(2013)《认知语言学研究方法》,赵艳芳(2001)《认知语言学概论》,胡壮麟(2004)《认知隐喻学》,蓝纯(2005)《认知语言学与隐喻研究》,王文斌(2007)《隐喻的认知构建与解读》,白解红(2009)《当代英汉词语认知语义研究》,廖光蓉(2014)《认知语言学基础及其应用》和(2016)《认知语言学与汉语言研究》等。目前认知语言学理论的教学应用性研究比较多是文秋芳教授和刘正光教授。总之,国内初期的研究着重于认知语言学的引入和对前景的展望,现在逐步转向对本体的研究,研究逐渐深入,但从认知角度研究阐释旅游英语语言的情况很少。

综上所述,认知语言学的研究主要从两个方面展开。一方面从人的认知(即人们认识客观世界的方式)角度观察语言;另一方面通过观察语言现象,找出规律性的东西,分析语言反映的认知取向,从语言的各个层面探讨认知与语言的关系及其性质,说明语言是认知发展的产物。我们认为认知语言学理论在专门用途英语方面应该具有特殊的表现,专门用途英语是特定语境下的产物,涉及的相关因素比普通语言更加具体,语言目的非常明确。因此,单用普通英语的阐释方法来阐释专门用途英语是难以达到完美的效果,不能体现特定语境下语言的个性。因此,认知语言学理论有待在专门用途英语的研究过程中得到检验和发展。此外,在旅游业迅猛发展的今天,旅游英语研究尤其显得重要,因为旅游英语是专门用途英语的一个分支,具有普通英语的一些共性,也具有专门用途英语的一些共性,同时又有自己的个性,例如,旅游英语语境下的交际双方是在异域语境下长大,政治、文化、生存环境等条件悬殊,这些对旅游英语语言的形成、演变都会产生巨大的影响。因此,从认知的角度研究专门用途英语的一个分支——旅游英语,更具有代表性和研究意义。

第三节 需要解决的一些问题

旅游业在全球范围内已经成为重要的产业。旅游业的发展对经济和世界语言文化都产生了巨大的影响。旅游英语作为国际交流的媒介对于旅游从业人员变得日益重要。因此，研究旅游英语应该成为必然的趋势。目前，研究旅游英语的论文日益增多，在语言学理论指导下的研究偏少；有关旅游英语的教材很多，专著较少。目前，用认知语言学理论阐释旅游英语语言的人很少，专著更少。实际上，每一门语言的学习都离不开语言学理论的指导，没有理论指导的实践是盲目的实践。目前，旅游英语学习者认为，学习旅游英语很难：术语难记、句子表达缺乏得体性甚至很容易产生误解、语言组织思路不清晰导致说话缺乏头绪或者语言表达不清楚、表达内容不全面等；特别是在具体的旅游语境中要灵活地应用语言非常困难。此外，在旅游英语教学过程中，有些教师用普通英语的教学方法教旅游英语，这样导致教学重点、难点不清楚，教学不能达到预期的效果。旅游英语是专门用途英语的一个分支，有其自己的特征和规律；但是，它又属于语言，具有语言的共性，如果遵循语言的内部规律进行教学，就可以在学生原有学习的基础上，培养学生语言迁移能力和有意识记能力，相应地教学效果就会好得多。

为了满足社会的需求，在文化和翻译方向研究旅游英语的人逐渐增多，他们的研究成果有助于对语言的理解。但是旅游英语语言演变的规律，存在的理据，影响语言形成的因素，语言成分之间的内部联系，认知语境下的语言应用规律和语言应变策略等很少有人进行研究，并且已有的研究非常零散。本书将结合人的身心体验，从认知的角度阐释旅游英语内部的组建规律，以及它与外部语境之间的内部联系，实现从本体研究向语言应用研究过渡，着重解决以下问题。

一、理论研究问题

（1）认知语言学理论与旅游英语相互交融的理论框架是什么？

（2）验证认知语言学理论是否能阐释旅游英语语言现象。

（3）认知语言学理论之间怎样相互衔接阐释旅游英语语言现象？

（4）认知语言学理论在旅游英语语言中有什么特殊表现？

（5）旅游英语语言特征形成的认知理据是什么？

二、语言实体研究问题

（6）认知语言学理论怎样阐释词汇演变的规律？

（7）认知语言学理论怎样阐释旅游英语句子特征以及句型演变的规律？

（8）认知语言学理论怎样阐释旅游英语语篇的构建规律？

（9）旅游英语语境有什么特征？旅游英语中的认知语境主要受到哪些因素的影响？

（10）旅游英语语言实体的演变是否都包含同样的演变规律？

三、成果应用问题

（11）怎样迅速扩大旅游英语习得者的旅游英语词汇量？

（12）怎样使旅游英语句法更好地体现旅游语境的要求？

（13）怎样有效地培养习得者的语篇构建能力？

（14）怎样培养学生随机应变能力？

（15）怎样使抽象的理论具体化并获得语言教学模式？

（16）怎样使抽象的理论具体化并获得语言习得模式？

（17）怎样培养学生语言迁移能力？

（18）怎样巩固学生语言知识，提高学生记忆能力？

第四节 研究视角与方法

以旅游英语为媒介,以提高对游客的服务质量,兴旺旅游业,繁荣我国经济为目标,本选题讲究经济效益,注意科研与产业的结合。理论视角与众不同,前人的研究主要从功能语言学、文体学、社会学等角度研究旅游英语,本书综合各派语言学的成果,主要从认知语言学的角度阐释旅游英语现象。研究过程既强调语言的普适性特征,又强调语言的应变性特征;在研究过程中从个体到群体,从单项到多项,从具体到抽象,从现象到本质,从理论到实践,研究思路比较清晰,所牵涉的理论能自然形成理论框架。目前有关旅游英语的专著很少,特别是对旅游英语语言进行认知解读还没有先例。因此,研究成果具有独创性。本书比较全面、系统,研究范围主要围绕语义和结构展开,内容从词汇、句法、语篇到语境形成一条龙的研究实体,研究方式从静态的语言研究过渡到动态的语言研究,从语言本体研究过渡到语言应用研究,研究呈现逐渐深入的趋势。结构体系比较完整,可分为理论体系、实体研究体系和成果应用体系三大部分。语义的理解和研究,结合认知语言学理论,由现象到本质,逐步深入。本书采用图、表、模式、公式等方法分析和阐述语言现象,总结语言规律,构建语言教学模式,力争让更多的读者受益。研究方法尽量多样化,下面为本次研究采取的主要研究方法。

一、描写与解释相结合的研究方法

首先对语言现象进行适当的描写,然后对语言现象进行合理阐释。本书主要从词汇、句子、语篇、语境等层面对语言现象进行分类描写;以人们的身心体验为出发点,利用认知语言学理论,意象图式理论,隐喻、转喻等概念结构理论,象似性理论,图式、框架、脚本等理论阐释语言现象,揭示语言规律。

二、对比分析的研究方法

从大量的语言事实中寻找语言本质特征的一种可靠方法。从多个角度对语言现象进行对比，寻找语言迁移的基础。普通英语与旅游英语进行对比，使习得者明白语言学习的基础，在原型范畴以及基本层次范畴等理论的指导下，以已经掌握的基本层次范畴中的原型为基础，把普通英语中所掌握的知识转变成旅游英语知识，实现从普通英语向旅游英语的过渡。旅游英语中隐喻的构建与普通英语中隐喻的构建同样有共同的理论基础，但又存在特殊性，隐喻构建的基本模式相同，但是影响隐喻构建的因素存在差异。例如，旅游英语中的隐喻跨文化构建，特点是始源域和目标域具有各自不同的地方特色和文化差异。当目标域属于游客不熟悉的事物时，导游必须架起理解的桥梁，选择游客非常熟悉的事物作为始源域。也就是说，按照对方的文化习俗进行隐喻构建。英汉旅游语言进行对比，由于中西文化的差异，英汉旅游语言在词汇、句子、语篇等方面都存在许多差异，弄清语言差异的原因，有利于母语的迁移。

三、理论与实践相结合的研究方法

理论来源于实践，又服务于实践。一方面，理论对实践具有指导作用；另一方面，只有在实践中才能补充和完善理论。认知语言学理论源于实践，是大量语言事实的归纳和总结。一方面，对语言的理解和学习具有指导作用；另一方面，需要在具体的语言实践中获得检验和发展。旅游英语是一门具体语境中的语言，具有特殊的语言功能，它既具有普通英语的共同特征，又具有自己特有的个性。认知语言学理论是对普通语言事实的归纳、抽象和总结。是否能阐释旅游英语这一特殊现象，有待检验和发展。

第五节　本书基本框架

本书主要从理论概述、实体研究、教学实践三个方面展开研究。首先，以人类的身心体验为基础，构建认知语言学理论与旅游英语相互交融的理论框架。再利用认知语言学理论，从词汇、句子、语篇、语境等层面阐释语言实体之间的演变规律和内在联系。然后，在此基础上总结教学规律，抽象教学模式，并提出习得策略、习得路径和习得方法。全书分为九章：引论、理论概述、词汇、句子、语篇、语境、教学、习得和结语。

第一章主要阐述选题意义与目标、旅游英语国内外研究现状、在旅游英语研究和教学过程中存在的一些实际问题、研究的角度、研究的内容、研究的方法以及本书的组织与规划。

第二章摸索旅游英语形成的认知基础，选择相应的认知语言学理论，并摸索相关理论之间的内部联系，构建理论框架。

第三章从认知的角度利用概念结构理论阐释旅游英语的构词、术语构建、词汇搭配、词义演变等特征并总结其规律。

第四章在句子研究方面，从认知基础出发，探讨语言成分的调整、句型的选择、语态的转化以及句子衔接的规律。

第五章利用意象图式理论阐释段落扩展的规律，并抽象段落扩展模式；从内容图式和形式图式两个方面阐释景点语篇，摸索语言构建规律，并摸索图式背景知识在语言形成过程中的作用。

第六章在语境方面，从文化语境、情景语境以及认知语境等角度研究旅游语言。研究文化语境、情景语境对语义的影响；研究认知语境下，涉外导游应变能力的培养。

第七章在教学方面，了解概念结构理论、象似性理论、意象图式理论、原型范畴理论对教学的启示，并结合实例，探讨教学模式。

第八章在习得方面，结合旅游英语语言的演变规律，寻找语言实体的共性特征，抽象语言表达公式，并检测它的可行性；结合认知学习理论，探索旅游英语情景训练模式，使认知学习理念渗透到训练模式中。

第九章结语部分，主要对所研究的内容进行总结和概括，阐述本书的主要研究特色、主要观点、主要的研究贡献、有待于进一步完善的地方以及有待进一步研究的问题，并提出自己的希望。

第二章

理论概述

20世纪80年代中后期以来，认知语言学作为一种新的阐释语言现象的路向，在西方蓬勃发展。90年代认知语言学传入中国，研究认知语言学理论和从认知语言学的角度研究语言的学者越来越多，认知语言学研究的涵盖面也越来越广，已涉及语言的各个层面，认知语言学的跨学科研究目前已崭露头角。然而，理论引入较多；普遍性阐释较多，特殊语境下语言阐释较少；理论的单项研究多，理论在语言中的互动性研究偏少；理论本体研究较多，应用性研究较少。本章将从认知语言学的发展历程，阐述认知和语言的关系；再依次介绍对旅游英语语言现象影响较大的一些理论；阐释他们之间相互依存的关系，并展望它在旅游英语中的应用前景。

第一节 认知简介

自20世纪70年代末80年代初，认知语言学作为边缘学科与很多学科密切相关，包括认知科学、认知心理学、哲学、逻辑学、社会学、语言学；本节主要从认知、认知科学、认知语言学的几个主要概念入手，简单阐释它们的来历、发展历程、相互关系以及国内外一系列相关的研究成果。

一、认知

"认知"译自英语名词 cognition 或形容词 cognitive。老的译名就是"认识",指人类认识客观事物、获得知识的活动,包括思维、记忆、感知、识别、归类等所运用的各种心理过程。桂诗春(1991)认为,"认知"的最简单的定义是知识的习得和使用,它是一个内在的心理过程。Lakoff 和 Johnson 认为"认知"包括十分丰富的内容,诸如心智运作、心智结构、意义、概念系统、推理语言等。赵艳芳提出(2004:6),认知是人对客观世界的感知与经验的结果,是人与外部世界相互作用的产物。认知不是机械地反射人的客观世界,而是对经验具有组织作用。认知具有自己动态的和完整的结构和模式,而语言正是这种经验模式和认知组织的反映。王寅(2007:6)指出,客观现实世界是人们体验和认知的基础,认知是人们对客观世界感知与体验的过程,是人与外部世界、人与人互动和协调的产物,是对外在现实和自身经验的理性看法,通过认知人们对世界万物形成概念和意义,其间包括推理、概括、演绎、监控、理解、记忆等一系列心智活动。

认知似乎成了当今的科学时尚,连乔姆斯基语言学派也声称自己是从事人类认知研究的。然而乔姆斯基学派和认知语言学派对认知的理解是大相径庭的。乔姆斯基语言学的"认知观"本质上是一种哲学观,他们提倡研究语言的产生能力,即人类的心智,认为人具有天生的学习语言的机制,儿童利用这个机制在合适的语言环境里学会一种语言。然而在乔姆斯基学派的学者的实际研究中,很难看到对人们认知的具体探讨,在他们的论著中,既找不到利用语言来探讨人类的认知奥秘,也看不到借用认知心理学的研究成果来分析语言现象,所能看到的多是抽象概念的推演和纯粹理论的思辨。认知语言学则不同,它是直接借用认知心理学的研究成果,根据人类的各种认知能力对具体的语言现象进行分析描写,从该学派的论著中就可以看到明显的认知科学色彩。认知语言学的"认知观"认为人类的语言能力与其他认知能力密不可分，语义现象实际上是一种认知问题，语义在很大程度上决定语法，而语法和语义又密不可分。

二、认知科学

认知科学是在语言学、数学、神经科学、哲学、心理语言学、认知心理学和人工智能基础上进行研究的一门综合性学科，它对思维推理和智力过程进行科学研究，涉及的方面有知识在大脑里的表征、语言及形象的理解以及推理、学习、解决问题和计划的心理过程。语言是一种认知活动，是对客观世界认知的结果，语言运用和理解的过程也是认知处理的过程；因此王寅（2007：7）指出，语言能力不是独立于其他认知能力的一个自治的符号系统，而是人类整体认知能力的一部分。在哲学史上唯心论者和客观主义理性论者对此问题争论不休，所以认知成为哲学研究的主要对象。认知语言学的研究摒弃了唯心主义和客观主义的观点，它的哲学基础是主客观相结合的经验现实主义认识论（experiential realism），简称经验主义。经验主义强调经验在人的认知和语言中的重要性。人类的经验源于人与大自然（物体的、生理的）、人与人（社会的、文化的）之间的相互作用，源于人类自身的感觉动力器官和智力与自然环境的互动（吃、住、行）及人与人之间的交往（社会、政治、经济、宗教等）；但大脑对客观世界的反映具有自身的认识事物的结构和规律（赵艳芳，2004：4）。认知心理学是心理学的一个分支，研究关于注意、感知、理解、记忆及学习等方面的过程。与行为主义相对的是，认知心理学关心心智中的心灵过程和表征。现代认知心理学认为人的一切行为受其认知过程的制约，主张从认知活动本身的过程和结构揭示智力的本质。认知心理学不仅是在批判和继承行为主义心理学，在格式塔心理学的影响下产生的，而且受到语言学发展和某些新兴学科的影响；语言学研究有助于转向对人的内部心理过程的研究（朱纯，1993：28—29）。

三、认知语言学

认知语言学是语言学的一门新分支，它脱胎认知心理学或认知科学。认知语言学研究的问题包括语言结构特征，强调语言和认知之间的相互作用，语言是组织、处理和传递信息的工具。认知语言学一方面从人的认知（即人们认识客观世界的方式）的角度观察和研究语言，另一方面通过观察语言现象，找出规律性的东西，分析语言反映的认知取向，从语言的各个层面探讨认知与语言的关系及其性质，说明语言是认知发展的产物（赵艳芳，2004：iv）。认知语言学在1980年至1990年开始成型。它涉及电脑自然语言理解、人工智慧、语言学、心理学、系统论等多种学科。认知语言学研究的问题包括语言结构特征，如原型性、隐喻和意象；语言组织的功能原则，如象似性（意义和表达之间的非任意关系）；句法和语义的接口以及语言和思维的关系。此外，认知语言学认为语言的构建、习得及运用，可以通过人类的认知进行阐释。

一般来说，认知语言学分为两大领域，其一为"认知语法"，其二为"认知语义学"。认知语法的奠基人和代表人物为 Ronald Langacker（San Diego），认知语义学的奠基人为 George Lakoff（Berkeley）。Langacker 在20世纪70年代提出了"空间语法"，在80年代逐步发展其学术思想，到了80年代末和90年代初发展成了一个系统、完整的语言学理论。这个理论的产生与当时科学理论的大背景相符。为了适应科学的发展，美国的很多大学建立了认知科学学院。认知心理学在过去20年里已发展为一种系统的、成熟的学科，对语言学理论的发展具有重要的借鉴价值。认知语言学吸收了作为一门实验科学的认知心理学的研究成果，拓宽了研究视野，为语言研究增加了新的视角，也提高了语言学研究的科学性。

第二节　新潮旅游英语语言认知解读相关理论

认知语言学家认为语言与认知是不可分的，自然语言是人的智能活动的结果，又是人类认知的一个组成部分。语言不是封闭的、自足的体系，而是开放的、依赖性的，是客观现实、社会文化、生理基础、认知能力等各种因素综合的产物。这种语言观强调人的经验和认知能力在语言运用和理解中的作用。下面将从认知和语用两个角度阐述与语言表达密切相关的一些理论，以及他们的应用前景。

一、原型范畴理论

（一）范畴理论

古典范畴理论认为范畴是客观事物在大脑中的机械反映，范畴具有明确的分界，其成员具有本身固有的共同特性。维特根斯坦是发现古典范畴理论缺陷的第一个哲学家。他发现范畴成员不像传统理论认为的那样具有同等的地位，而是有中心成员和非中心成员之不同。奥斯汀将维特根斯坦的分析用于词汇研究。

范畴指事物在认知中的归类。语言学家认为范畴化是人类对万事万物进行分类的一种高级认知活动，在此基础上人类才具有了形成概念的能力，才有了语言符号的意义。在经验世界里，事物被划分为不同的范畴。认知科学发现大脑从中间层面开始认识事物，这个层面就是基本层面。在此基本层面上所感知的范畴叫基本范畴。基本等级范畴是人类对事物进行区分最基本的心理等级，是人们认识世界最直接、最基本的层面，是人们对事物范畴化的有力工具，是认知的重点和参照点。在此基本等级上，范畴可以向上发展为上位范畴或向下区分为下属范畴。

（二）原型理论

自20世纪60年代以来，心理学家和人类学家对传统的范畴观提出了大量反证，原型（prototype）指体现某一概念最具代表性或最典型的例子，是心理表征和认知参照点（Ungerer & Schmid，1996：39）。美国心理学家Rosch提出了"原型及基本层次范畴理论"（The theory of prototypes and basic-level structures）（Rosch，1978）。大多数认知范畴不可能有必要和充分的标准,可以公认为必要的标准往往是不充分的;同一范畴成员之间的地位并不相同,原型成员具有特殊的地位,被视为该范畴的正式成员,非原型成员则根据其与原型成员的相似程度被赋予不同程度的非正式成员地位(Taylor,2002:23—24)。基本等级范畴是典型的原型范畴,体现为范畴成员之间具有最大的家族相似性,原型也在基本等级范畴中得到最好的体现,即基本范畴具有明显的原型成员(蓝纯,2001:23—24)。所以,基本范畴是人们认识世界最直接、最基本的层面,是人们对事物范畴化的有力工具。

原型范畴现象不仅存在于非语言的概念结构中,同时存在于语言结构之中(lakoff,1987:57)。Taylor(1989)论述了人们可运用语言来对周围世界进行范畴化,可运用原型范畴理论来研究语言。他重点研究了词法、句法以及语调等。他指出多义现象不仅存在于词汇层面,也存在于语言结构的其他范畴,例如数和格的词汇范畴、时和体的词素范畴、句子类型的句法范畴,甚至像音调曲线一样的超音质范畴,也能显示出相关意义的集丛现象,因此也必须视为多义现象(1989/1995:142)。本书认为词语的构造、词义的演变、词汇的搭配、句型的演变以及语篇的构建等语言现象都能用原型范畴理论来阐释,并且在外语教学以及二语习得等方面都有好的应用前景。

二、认知机制

认知机制(Cognitive Mechanism)主要有意象图式、隐喻、转喻。意象图式是对事物之间基本关系的认知基础上所构成的认知结构,是反复出现的对知识的组织形式,是理解和认知更复杂概念的基本结构。人类最初的经验就是空间经验,基本的意象图式就是空间图式。这些基本的空间概念和结构又通过隐喻成为人们理解其他概念的基本模式,人们将空间图式用于理解抽象的经验,使人具有了形成抽象概念和复杂结构的能力。

概念隐喻和转喻是对抽象范畴概念化的有力认知工具。隐喻不仅是一种语言现象，更重要的是一种人类的认知现象。它是人类将其某一领域的经验用来说明另一类领域的经验的一种隐喻认知活动。语言中的隐喻是人类认知活动的结果与工具。有两种使用隐喻的情况。一种是语言中缺乏现成的语言表达方式，不得不被动地用一种熟悉的事物来谈论缺乏语言表达的事物，其表达工具就是隐喻。另一种是主动使用隐喻的情况，有现成的语言表达法，但为了更好地传达信息选择一种非常熟悉的事物谈论目标事物。

隐喻由两个域构成：一个结构相对清晰的始源域和一个结构相对模糊的目标域。隐喻就是将始源域的图式结构投射到目标域上。投射植根于人类的经验，特别是身体经验。Lakoff 和 Johnson（1980）根据始源域的不同，将概念隐喻分为三大类：空间隐喻（spatial metaphors），实体隐喻（ontological metaphors）和结构隐喻（structural metaphors）。空间隐喻以空间为始源域，通过将空间结构投射到非空间概念上，赋予该非空间概念一个空间方位。实体隐喻将抽象的事件、活动、情感等视为有形的实体和物质。空间隐喻和实体隐喻都可以进一步拓展为内容更丰富的结构隐喻。我们认为把某个旅游景点的分布情况用语言表达出来就是将空间结构投射到非空间概念上的例子。把一些抽象的思想、观点按照一定层次整合形成框架，其间就有实体隐喻的帮助。用新知识与原有知识的相似性激活原有框架并与新知识的特殊性整合形成新框架的过程就有结构隐喻的帮助。人们通过隐喻认识世界以及通过隐喻构建人的认知不仅反映在词汇层面，而且还体现在语法层面上，因此语法隐喻一样具有认知功能。同样语篇的构建和转换也离不开隐喻这种思维工具。

三、象似性理论

认知功能学派主要从语言的象似性、语法化和语法隐喻方面研究语言的形式与认知的关系，从历史发展的角度看语言的现状。所谓象似性是语言的能指和所指之间，也即语言的形式和内容之间有一种必然的联系，即两者之间的关系是可以论证的，是有理据的（沈家煊，1993）。认知语言学中的相似性是指语言与思维的关系即语言结构直接映照经验结构，是从认知方面研究语言形成的又一种方法。认知语言学将相似分为三大类，一是映像象似性（imagic iconicity），二是拟象象似性（diagrammatic iconicity），三是隐喻相似性（metaphorical iconicity）。拟象象似性是指句法结构映照认知结构的现象。隐喻象似指从一个概念投射到另一个概念，从一个认知域映射到另一个认知域。拟象象似主要有下面类别：

A. 顺序象似性，即事件发生的时间顺序以及概念时间顺序与语言描述的线性顺序相对应。

B. 数量象似性，即在概念上信息量大，更重要更难预测的信息，其语言表达更长更复杂。

C. 接近象似性，即认知上相近的概念在语言形式的时间和空间上接近。

D. 对称象似性，指在概念上具有同等重要性和并列关系的信息在表达上具有对称性。

E. 非对称象似性，在认知上突显的信息往往处于话题的位置，其他信息则处于述题的位置。

F. 范畴象似性，相似的概念划归同一范畴，不同的概念划归不同的范畴。

Haiman（1985）将句法的象似性分为成分象似和关系象似。成分象似（isomorphism）指句法成分与经验结构的成分相对应；关系象似（motivation）指句法成分之间的关系与经验结构成分之间的关系相对应。成分象似就是语言的一个形式对应一个意义；关系象似体现在句法的三个方面：单位的大小；范畴的划分；结构异同（沈家煊，1993）。也就是说，简单的概念用简短的形式表达；复杂的概念用较长的单位表达；相似的概念划归同一范畴；相似的概念结构用相似的句法表达。实际上，象似性的研究

21

对解决语言与认知的关系具有重要的意义,不仅是对词汇和句法的研究,而且对语篇的研究都有重要的意义。

四、图式、框架、脚本理论

(一)图式理论

根据现有的研究,图式(Schema)是一种记忆结构,是一种有层次的知识网络。图式使人的认识受先前经验的影响,人们在接触或认识事物时,取决于头脑中已经存在的图式,图式总是会把新事物与相关的已知事物联系起来,通过大脑的能动反映,激发出能认知和帮助认识新事物的图式,再依靠这些图式来解释、预测、组织外界信息。同时引导人们对新旧信息进行比较、预测、鉴定和认识,利用获得的新经验形成新语境下的新图式。

图式的提法最早见于哲学家、心理学家康德的著作。他认为大脑中有纯概念的东西,图式是连接概念和感知对象的纽带。1932 年 Bartlett 对现代心理学图式理论做出了重要的贡献。他认为"图式是对过去反应或过去经验的一种积极组织"(Bartlett,1932:201)。70 年代末到 80 年代初,美国人工智能专家 Rumelhart 完善了这一理论,明确提出了知识表征和阅读理解的图式理论。Rumelhart(1980:33—58)概括了图式的六种特征:①图式有变量;②图式可以内嵌,一个包含另一个;③图式在各个抽象的层面上表示知识;④图式表示的是知识,而不是定义;⑤图式是活动的过程;⑥图式是认识的装置,它对数据进行处理,以便做出最合适的评估。

Anderson 等人把图式理论作为认识论的一部分进行了研究,他们指出,"图式是指人类大脑中存在的对事物或物体整体的认知结构"(1988:15)。袁毓林(1998:55)提出:"图式应该是认知语言学的核心概念,认知语言学应该通过对这种理论的吸收和参照来调整既有的图式理论。"依照 carrell& Eisterhold(Carell &Eisterhold,1988)对形式图式(formal schemata)和内容图式(content schemata)的划分原则,Kern 对这两类图式进行了进一步的阐述:"形式图式涉及与语言应用形式相关的知识;内容图式则与主题知识对现实世界事件了解的程度以及文化概念有关。"(Kern,2000:82)我们也同意这种分类观点,并将结合旅游语境中的特殊情况构建旅游语篇。

(二)框架、脚本理论

计算机科学家明斯基(Minsky,1975)把框架定义为:一种表征定型化情况的资料结构。例如"饭馆"这一概念会激活所有属于这个框架的其他概念,如顾客、服务员、吃饭、桌子、椅子、包厢、菜单等。此外,"包厢"又可以成为次框架,会激活所有属于这个框架的其他概念,如电视、空调、茶具、麻将桌、扑克等娱乐用品。这些被作为缺省赋值(defalt assignment)填充在槽道(slot)中。Lakoff(1987:116)认为,这些缺省值体现了一个没有特定语境信息条件下被使用的语值。菲尔墨(Fillmore)(1977:104)把框架用来分析语义,这经典的例子就是"商品交易框架"。在这个框架中包括买者、卖者、屋、钱等范畴。

Schank 和 Abelson(1975)认为脚本是比概念表达式更大的知识单元,是图式的特殊类型,它表征知识的行动程序和熟悉的事件顺序。脚本将事件的角色、对象、事件的顺序等信息组织在一起,形成关于这个事件的知识结构。Schank 和 Abelson(1977:42ff)提出了最著名的"餐馆"脚本。在餐馆吃饭包括四个场景:进入、点菜、吃饭、离去。每一个场景又可以再细化。脚本就是这样经常重复发生的一系列知识结构。

泰勒认为框架是与指定语言学形式相联系的多个域相关的知识网络。他认为脚本(Script)是在某一行为框架内按时间和因果关系联系起来的一系列事件和状态。他认为,框架是静态的知识结构,脚本是动态的。明斯基(1975)的"框架理论"(frame theory)以及菲尔墨的框架语义学(frame semantics)认为框架理论是以命题形式构造的,多个相关联的命题可以构成一个活动的"脚本",即一个言语社会进行某种特定活动(比如去饭店、看病、乘飞机)时依循的,按时间和因果关系联系起来的一个标准化、理念化的事件和状态系列。按照昂格雷尔(Ungerer)和施密德

(Schmid)的定义,"脚本"或情景模式(scenario)指专门为经常出现的事件设计的知识结构,即某一知识领域在大脑中储存的所有相关知识表征及结构。

五、认知语境

在国外,最早明确提出认知语境的是 Nelson, K. et al(1985),French 和 Nelson。Nelson, K. et al(1985:473)认为,认知语境可能会从非常具体的、情境上详细的到高度抽象的之间产生变化。Sperber 和 Wilson(1986,2001:39)认为,"一个人的总认知环境是他的认知能力和其所处的物体环境所决定的"。Vandepitte, Sonia(1989:265—297)认为,语境是一个心理建构体,不是预先设定的。Violi(2000:122)根据人类的经验对词语意义的标准语境或典型语境进行了研究。在国内,沈家煊是最早介绍关联理论的人,他介绍了语境是如何确定的。熊学亮(1996:1—7)明确提出"语用因素结构化、认知化的结果就是大脑中的认知语境"。熊学亮(1999:115)、何自然(1997:123)、王建华(2002:329)、黄华新和胡霞(2004)等对认知语境的定义发表了各自见解。熊学亮教授从认知语境入手,探讨了认知框架对语篇宏观意义的影响。他(1999:124)认为,人对不同场合使用的语言或语篇在内容和结构方面的知识或经验,构成语篇认知语境。语篇认知语境可以反过来控制语言使用和语篇生成。语篇生成和理解,在宏观形式和语义上要依赖于认知框架,但是最近十多年来,国内学者对认知语境的研究集中在其定义、构成和传统语境的对比方面。

认知语境是当代语境研究的重要成果。认知语境从认知的角度研究语境,是语境研究的延伸与发展,是语境研究的新视角。认知语境的建构基础是交际话语的物体环境、交际者的认知图式和个人的认知能力,其建构视角是主体性、主体间性和主客体间性,其建构整合过程经历模式识别、图式激活、知识选择和假设形成四个阶段。结合现有的研究成果,我们认为，认知语境是外部语言材料所负载的信息，激活认知图式，认知图式就还原成一系列的有关的知识命题，与明示语境一起，成为认知语境。认知语境具有完形性、人本性和动态性等基本特征；认知语境的心理表征是认知图式；认知语境的建构，经历了模式识别、图式激活、知识选择和假设形成四个阶段。

六、认知学习理论

认知学习理论是通过研究人的认知过程来探索学习规律的学习理论。主要观点包括：人是学习的主体；人类获取信息的过程是感知、注意、记忆、理解、问题解决的信息交换过程；人们对外界信息的感知、注意、理解是有选择性的；学习的质量取决于效果。一般认为，认知学习理论发端于早期认知理论的代表学派——格式塔心理学的顿悟学。但是，认知学习理论的真正形成却是20世纪六七十年代的事情。从认知学习理论兴起的社会背景来看，它是现代社会发展需要的产物。二次大战之前，行为主义的研究范式霸占了学习领域。当时对于学习的研究，很少涉及人的内部心理历程。然而，二次大战中对人的认知与决策提出了越来越高的要求。二次大战之后，强调对于人们的信息选择、接受，以及信息编码、存贮、提取与使用过程的研究。这些实际的社会需要，直接刺激了认知学习理论的产生与兴起。从认知学习理论的科学技术背景来看，它也是心理学与邻近学科交叉渗透的产物。控制论、信息论，以及计算机科学与语言学的发展，直接影响到了认知学习理论的产生与取向。很多认知学习理论的重要观点都与这些学科有不解之缘。在过去的几十年间，学习理论经历了重大的变革。前半个世纪，占主导地位的关于学习的概念是以行为主义原则为基础的，学习被看作是明显的行为改变的结果，是能够由选择性强化形成的。因此，在行为主义者看来，环境和条件，如刺激和影响行为的强化，是学习的两个重要的因素，学习等同于行为的结果。然而，这是与事实相违背的。著名的认知心理学家布鲁纳就认为，在我们学习的过程之中，我们必须考虑到以往的认知结构对于现有的学习过程的影响,举例来说,穷人家的小孩往往比富人家的小孩把硬币看得更大些。由于行为主义学习理论在研究中不考虑人们的意识问题,只是强调行为,把人的所有思维都看作是由"刺激—反应"间的联结形成的。这就引起了越来越多的心理学家的不满,开始放弃行为主义的研究立场,转向研究人的内部心理过程,从而导致了认知主义学习理论的发展。

(一)格式塔理论

格式塔心理学家主张,整体比各部分的总和多;格式塔心理学派的创始人韦特墨(Max Wertheimer),曾提出了著名的知觉结构原则;他认为一个人的知觉似动现象一样,也是采用直接而统一的方式把事物知觉为统一的整体而不是知觉为一群个别的感觉。格式塔理论的基本公式可表达为:有些整体的行为不是由个别元素的行为决定的,但部分过程本身则是由整体的内在性质决定。他们认为,通过感官知觉所得到的都是一些整个的"形","式样",即"格式塔"(Gestalt),人的心理对环境提出一种组织或完形作用,这种组织或完形作用就是学习。他们认为,学习不是依靠"尝试",而是由于"完形"的出现,即突然地理解,亦即"顿悟",因此格式塔心理学又称"顿悟学"(朱纯,2000:24)。格式塔学者集中注意于知觉组织的更直接和原始的外围因素,而不注意学习和经验的作用;格式塔心理学强调对学习的"理解"和"领悟",有积极意义,对学习和记忆的研究都有一定影响;但它反对"尝试",这是它的被动面;实际上,人类的习得不仅需要"理解"和"领悟"这样的高级分析综合形式,也需要像"尝试"一样的基本分析综合形式。

(二)托儿曼的符号学习

托儿曼(Edward Chance Tolman)是早期的行为主义者。他最突出的贡献是把中间变量的概念引进了心理学。他认为行为最初的原因由五种变量组成:环境刺激(S)、身体内驱力(P)、遗传(H)、过去的训练(T)和年龄(A)。行为就是这些自变量的函数:$B = Fx\,(S, P, H, T, A)$

(朱纯，2000：25)。托儿曼认为所有动物和人的行为，都能通过经验加以改变。在此基础上，他提出了学习认知理论；认为连续地完成一项任务，会建立起符号格式塔，它是环境中的线索和有机体的期望之间已经习得的关系。同时，他把符号格式塔构成的模式称为认知地图，学习者可以跟着信号，熟悉周围的道路，遵循地图走向目标。在他的观点中，突出了经验、环境、身份对行为的影响，并且，间接提出学习应有明确的目标、路径和方法；这些对学习理论的研究有重要的影响。

（三）信息加工理论

信息加工理论主要借助计算机模拟人类的认知和行为活动，应用计算机运转形式进行描述。计算机模拟这种新理论方法就称为"信息加工"（information Processing，简称 IP）。IP 理论试图构造功能上能与人类相当的 IP 模型。一是心理模拟模型，主要模拟人类行为；二是成功智能模型，主要利用模型进行成功智能研究。信息加工理论不仅研究记忆、解码和假设检验（hypothesis testing），还研究人在目的语中确定意义的程序和方法。现在信息加工理论与心理学及心理语言学相结合产生了信息处理心理学及心理语言学。在这些理论中，强调信息和意义在记忆中的储存、组织和检索的过程，以及阅读和倾听时的各种解码法。这些成果已经成为学习理论中的重要部分。

（四）思维适应性控制模型理论

美国心理学家安德森（Anderson，1983）提出了思维适应性控制模型（Adaptive Control of Thoughts Model 简称，ACT Model），这是一个动态的认知模式；认为知识分为陈述性知识（Declarative knowledge）和程序性知识（Procedural knowledge），陈述性知识就是指语义知识或言语信息，他们是习得的基础，程序性知识是进行特定认知活动的知识，包含了陈述性知识，此外，还包含知识的激活和信息的转换。安德森（1983）首次提出了产生式系统框架，提出了思维适应性控制模型（Adaptive Control of Thoughts Model，简称 ACT Model），见图 2-1：

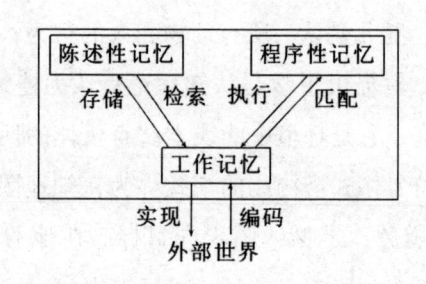

图 2-1　思维适应性控制模型（Anderson，1983）

这个模型动态地展示了信息记忆、知识存储、言语加工、逻辑推理、技能从有意培养到自动生成的过程。首先引入信息进入工作记忆，工作记忆可以被认为是人们思考的工作空间。通过思考将存储信息进入陈述性知识记忆，再从陈述性知识记忆中对信息检索；检索的内容被用来匹配产生式的条件；通过执行过程将把匹配条件的行动放入工作记忆；工作记忆通过引入信息和执行行动与外界信息发生相互作用。安德森认为，人们获得新知识有三个阶段：

第一阶段　认知阶段（Cognitive Stage）。在这一阶段，新的信息被看作是陈述性的事实，并以新的知识单位储存在大脑的语义网络中。学习者必须使用一般性的程序性知识即产生规则进行有意识的处理，对知识进行初步"程序化"。

第二阶段　联络阶段（Associative Stage）。这个阶段是知识编辑阶段或大脑中新的知识单位与已有的知识单位之间建立联系的阶段，要求把离散的语言文化等百科知识整合成为更有效的语言规则。因为"编辑"成效率更高的信息组可以加速自动化。

第三阶段　自动化阶段（Autonomous Stage）。这个阶段是产生过程的调整阶段或"自动无意识"阶段。对程序化信息归并和组合，进一步精准和协调，促使技能控制从有意识转向无意识，实现技能自动化。

（五）学习认知法

诺姆·乔姆斯基（Noam Chomsky），美国语言学家，转换—生成语法的创始人，1957年对新行为主义的代表人物斯金纳的《言语学习》一书提出了尖锐的批评，强调研究人的认知过程，以及人的语言的先天性与生成性，他的观点直接影响到很多学习研究者开始从行为主义转向认知主义。他认为语言学是认知心理学的一部分，语言学与认知心理学有密切的关系。语言学家和认知心理学家共同研究关于心理智力的理论（theory of mind），关于学习理论和如何应用心理智力过程的问题。

让·皮亚杰（Jean Piaget）是瑞士著名的发展心理学家，他认为人的心理建立起认知结构，接受外界的感觉输入，进行解释、转换和组织。他还认为新经验与过去存在的认知结构相互作用，从而改变结构使之更适当。皮亚杰还认为，适应由两个相互补充的过程组成：同化和调节。同化是按信息与现有图式一致的方式提前和解释新信息的过程。调节是改变图式使之更好地符合现实世界的过程。美国第一位推崇皮亚杰所做贡献的心理学家是杰罗姆·布鲁纳（Jerome S. Bruner）。布鲁纳在他的影响下，发展了自己的学说；布鲁纳主张教学采用"探究—发现"式方法，引导学生像科学家那样探求知识，而不是被动地接受教师的灌输，应该把现象重新组织和转换，使人能超越现象再进行组合，从而获得新的领悟。他认为发现学习有四个优点：按有意义的方式组织信息，能提高记忆保持；给学生提供解决问题的信息，能提高记忆保持；对发现的满意和奖励可以激化内在动机；促使习得者积极进取，并获得启发。

20世纪60年代，美国著名的认知派教育心理学家戴维·奥苏贝尔（David P. Ausubel）提出"有意义学习理论"。在他看来，"一种真正实在的、科学的学习理论主要关注在学校里或类似的学习环境中所发生的各种复杂的、有意义的言语学习，并对影响这种学习的各种因素予以相当的重视"。奥苏贝尔很关注把当代心理学原理运用于课堂教学实施中去，致力于课堂教学中学生对语言材料学习的研究。他的理论以"认知结构同化论"为基础，提倡在课堂教学中学生以有意义的言语接受学习为主。有意义学习的实质是符号所代表的新知识与学习者认知结构中适当的观念建立非人为的和实质性的联系。在学习过程中，他强调学生已有知识经验的作己的特征。旅游英语特征的形成同样受到人的身心体验、理想认知模式（Idealized cognitive models，简称 ICMS）和原型范畴等心理表征的影响，其中理想认知模式包括意象图式（简单的理想认知模式），隐喻模式和转喻模式，图式、框架或脚本（复杂的理想认知模式）等。信息存在的方式就是心理表征。认知图式是认知语境心理表征，是认知语境中缺省语境的存在形式。人们常把有关事物和行为的知识、命题集中在一起，形成抽象的结构，以缺省的方式储存在记忆中。当明示语境激活缺省语境时，认知图式就还原成一系列有关知识命题，与明示语境一起，成为认知语境。我们认为下面的图 2-2 可以比较清楚地显示出旅游英语语言认知解读理论框架。

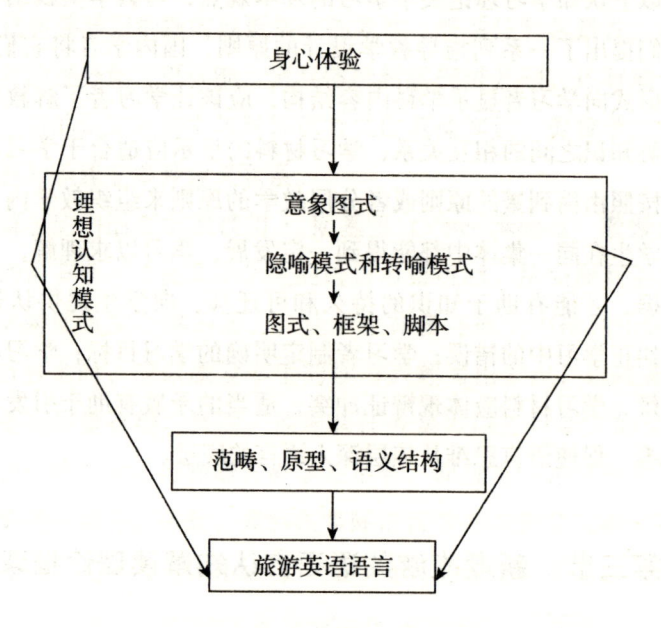

```
                    ┌──────────────┐
                    │   身心体验    │
                    └──────────────┘
    ┌──────────────────────────────────┐
    │                ↓                 │
    │            意象图式               │
 理想│                ↓                 │
 认知│       隐喻模式和转喻模式           │
 模式│                ↓                 │
    │         图式、框架、脚本           │
    │                                  │
    └──────────────────────────────────┘
                     ↓
            ┌──────────────────┐
            │ 范畴、原型、语义结构 │
            └──────────────────┘
                     ↓
            ┌──────────────────┐
            │    旅游英语语言    │
            └──────────────────┘
```

图 2-2　新潮旅游英语语言认知解读理论框架

然后，以理论框架为指导，采取从单项到多项、从具体到抽象、从现象到本质等多种方式进行研究。在研究过程中，从单项研究逐渐过渡到多项研究以便形成一条龙的体系：构词方法→词义演变→词语搭配→句子的形成→段落扩展→语篇组织；从具体的语料中归纳出旅游英语的普遍特征；再用认知语言学理论对语言特征进行合理的阐释，然后结合游客身份深化研究内容，并研究具体说话语境中的应变技巧。

最后，以认知语言学理论为指导，从习得内容、习得路径、习得方法、习得策略等方面研究旅游英语特征在实践中的应用。旅游英语是一种具体语境中的语言，旅游语境是自然与人文精神的融合，导游需要坚实的英语语言根底，同时需要对自然、对社会有深刻的了解；导游和西方游客存在政治、经济、历史、地理以及民族文化习俗等方面的差异，因此英语导游习得的内容需要广博并且具有针对性。习得旅游英语知识可以从普通英语语言中提炼旅游英语语境中常用的部分，通过隐喻、转喻等手段进行语义演变，使旧词、旧句赋有新义，弥补缺损的语言结构；人们常常对普通英语中熟悉的语言结构按照旅游英语的表达特征进行选择、调整、删减、优化以便有效达到旅游交际的目的。习得策略同样需要认知语言学理论为指导。在长期的语言表达实践中，词汇、句子、语篇的组建都有一定的程序和规律，如果按照这些规律习得语言，习得效果就会好得多。同时，习得要重模式的建构，词、句、话语是一个连续体，要突出话语的最终地位；因学习者有一定的英语基础，要在建构话语中习得词语、结构式、表达方式；然后再建构质量更高的话语；如此往复，习得便自会有较佳效果。

第三章

词　汇

　　本章改自作者发表的论文《旅游英语词语的动态研究》，2006年4月载于《安阳工学院学报》。旅游英语属于专门用途英语。旅游英语词语有自己独有的特征和演变规律，同时和普通英语词语又有必然的联系。近年来，对专门用途英语进行研究的人有所增加，但是对旅游英语研究的人不多，韩荔华（1997）对词与词之间的同义、反义、多义等现象，词义的音响、颜色、形象、感情、语体、时代等语义色彩方面进行过研究。杨梅（2004）对旅游英语词汇特征进行过研究。她认为在旅游英语语言中要大量使用名词性词组、形容词和动词等。他们的研究为旅游英语词语的继续研究奠定了一定的基础。然而，现有的研究主要是静态的、零散的，缺乏系统性。本书将从认知的角度，通过归纳、分析、描写等手法深入语言的内部，探讨旅游英语词语、术语的构建方法，词义的演变规律，词语的搭配规律，并抽象出一些模式，一方面丰富认知语言学理论，另一方面为旅游英语的应用提供参考依据。

第一节　认知与构词

　　在旅游英语构词中，人们常常采用音译、意译、摹仿、缩略、合成等构词方法。由于英汉两种文化的差异，汉语中的有些旅游词在英语中找不到对等物，出现词语空缺现象，这样导致新的旅游英语词语的产生。新词的产生既符合一般的构词方法 同时又存在特殊性。大部分构词方法可以找到认知理据。

一、认知与音译

音译就是用汉语拼音代替英语单词弥补词汇空缺。地名的翻译完全音译,根据1978年全国人大公布,在国际事务中可以用拼音拼写中国地名;此外,中国独一无二的东西常用音译,例如粽子（Zongzi）、饺子（Jiaozi）、油条（Youtiao）、豆腐（doufu）等食品。人文景观名字前的修饰限定部分,如果没有非常特殊的文化内涵,常用这种方法构建英语对等词。这种构词方法可以从声音的角度用象似性原则阐释。如岳阳楼（Yueyang Tower 等地名）；鲁迅故居（Lu Xun Former Residence）等姓、名和字；麓山寺（Lushan Temple）等宗教词语；大明寺（Daming Temple）等封号年号。

二、认知与意译

根据中文的意义,挑选相应的英语词汇来表达。这样英语新词的意义与中文意义相近。这种构词方法可以从意义的角度用象似性原则阐释。具体示例如下：

（1） Hundred Flower Village （百花村）

（2） Heart-Ease Study （静心斋）

（3） Seven-Star Crags （七星岩）

（4） Tiger-leaping Gorge （虎跳峡）

（5） THE GARDEN OF HUMBLE ADMINISTRATOR （拙政园）

（6） Purple Source Cave （紫来洞）

三、认知与摹仿

在旅游英语词汇中摹仿词汇非常多,它以最初出现的词汇为原型,产

生相应仿词。这类词主要属于派生词。也就是说,通过加前缀或后缀的方法产生系列仿词,示例如下:

  有些词加前缀构成新词,如Mini-,这个前缀取意于英国汽车公司(The British Motor Corporation)于1960年制造的汽车(Mini Minor)(陆国强,1979:6)。于是Mini Minor成为原型词。随着旅游业的发展,出现了minicar或minicab(微型出租车),minisub(微型潜艇),mini-package tour(小包价旅行),minidestination area(小型旅游区)等类似词汇。
  有些词加后缀后构成新词,如-eteria,-teria,首先这个词缀用来指低档的小饭店,后来以此为原型,产生一系列词汇,用来指餐馆、食品饭店、杂货店等:luncheteria(供应便餐的小饭店),roadteria(路边小吃店),restauranteria(小饭店),fruiteria(小水果店),grocerteria(食品杂货店),healtheteria(小素菜馆)等(陆国强,1979:15)。

按照仿词的摹仿方式,可以分为近似仿词和逆向仿词,它们大部分又属于派生词。示例如下:

  近似仿词:最初出现的英语单词是风景(landscape),后来又相继出现夜景(nightscape)、街景(streetscape)等风景类的旅游词汇。
  逆向仿词:如 up-to-date a. 新式的;out-of-date a. 过时的;high-peak 旺季的,off-peak 淡季的;inbound a. 入境的;outbound a. 出境的;等等。

四、认知与缩略

缩略法是现代英语中的重要构词手段,特别是在旅游英语等专门用途英语中尤显突出。它主要采用转喻的认知手段，用部分代替整体。缩略词可分成以下两种。

（一）缩短词

对原来完整的词进行加工，缩略其中一部分字母，构成新词。这种现象有的发生在词尾，如 telephone→phone, helicopter→copter。有的发生在词首，如 domestic→dom, cigarette→cig；有的发生在词中，如 detective→tec, refrigerator→fridge。

（二）首字母缩略词

将词组中主要词的首字母联成一个词。如：Foreign Escorted Tour→FET, Inclusive Tour Excurision→ITE。

五、认知与合成

（一）根据词义直接合成新词

guidebook 导游手册，all-suite 全套的，first-class 一流的，out-of-the-way place 幽境，Lost-and-found office 失物招领处，do-it-yourself 自选的，long-term 长期的等类似的词汇。

（二）隐喻方式间接合成新词

从个体行为投射到行为目标或从个体行为投射到行为者合成新词，如 go-show 等退票的游客，drop-in 偶尔来访的人，turnout 参加者等。

从具体投射到抽象，或从抽象投射到具体，如 Freewheeling n. 无目的慢游，highrise n. 高层建筑等。

第二节　认知与术语构建

每当人们发现一个新的景点，就必须给它一个名字，名字一方面要体现当地文化内涵，另一方面又要容易记住。我们发现人们常常采用隐喻和转喻的手段给景点命名。

一、人名取代景点

（一）名人人名取代景点

大笨钟（Big Ben）是英国伦敦议会大厦的巨钟，以本杰明·霍尔的名字命名，他在1859年主持建造了该钟。

泰姬陵（Taj Mahal）是在印度阿格拉最受推崇的白色大理石陵墓建筑，是一位生活在17世纪的皇帝纪念其妻子的爱情丰碑。

寒山寺（Han Shan Temple）位于苏州市姑苏区，唐代贞观年间，当时的名僧寒山、希迁两位高僧创建寒山寺，这里以人名取代景点。

网师园（Fisherman's Garden）位于江苏省苏州市，网师园风景区为南宋侍郎史正志万卷堂故址，堂侧建有花园，名"渔隐"。清乾隆年间，宋宗元购得重建，借"渔隐"原意改名"网师"，故以此得名。

这几个景点术语都是通过隐喻的手段用特殊人物的名字取代景点名称。

（二）传说或神话中的人名取代景点

亚当峰（Adam's Peak）在斯里兰卡南部，高2243公尺，形状像人的脚印。穆斯林认为这是人类始祖亚当的脚印。这个景点术语通过隐喻的手段用神话中的人物名字取代景点名称。

二、突显景物取代景区名称

九寨沟（Jiuzhaigou）位于四川省西北部岷江上游阿坝州九寨沟县境内。昔日，九寨沟隐藏在崇山峻岭之中，交通不便，只有马路和山间小路，有九个藏族村寨散落在高山湖泊群中，因而得名九寨沟（罗尉宜，2004：167）。这个景点术语通过转喻的手段用突显景点中的九个藏族村寨取代整个景区名称。

三潭印月（Three Pools Mirroring the Moon）为西湖十景之一，被誉为

"西湖第一胜境"。皓月当空，每逢中秋佳节，人们在中空的塔内点上蜡烛，洞口蒙上薄纸，烛光外透，这时塔影、云影、月影融成一片，烛光、月光、湖光交相辉映，湖中的石塔是三潭印月的主景，突显主景而得名。

丰衣足食的地方，汉语称为"鱼米之乡"，英文表达是"Land of Milk and Honey"。英汉命名的共同点都是突显当地主食。

三、景点特征取代景点名称

美国得克萨斯州的大转弯国家公园（Big Bend National Park）是由利奥大转弯切断成三个峡谷的风景区，野生动物和植物异常丰富。驼峰航线（Hump Flight Line）也是类似的例子。人们通过转喻的手段用地理环境特征给景点取名。老忠实泉（Old Faithful）是美国黄石国家公园的自然间歇喷泉，每隔65分钟喷发一次，向空中喷出高52米的炽热水和蒸汽。这个景点间歇喷泉喷发时间很有规律，像非常忠实的人。这个术语一方面通过隐喻以人拟物，另一方面通过转喻的手段用景点特征取代景点名称。又如黄河（Yellow River）通过转喻的手段用颜色特征取代景点名称。

四、历史典故取代景点名称

自由女神（The Statue of Liberty）是法国在1886年送给美国的礼物，位于纽约港，外形是一个高举火炬的女神。它高93米，是自由的象征。

自由钟（The Liberty Bell）是在1776年7月8日，美国首次宣读独立宣言之后，在美国费城敲响了该钟。该钟重943.5公斤，已经成为一项历史纪念品。

这两个术语包含有两个历史典故。在术语中，一方面通过转喻的手段用物取代景点名称，另一方面通过隐喻的手段用物表示自由的象征意义。

五、传说取代景点名称

曲院风荷（Breeze - Caressed Lotus in Yeast Courtyard）是杭州西湖最著

名的景点之一。传说南宋朝廷开设酿酒作坊为本地官员酿酒,位于今灵隐路洪春桥附近,濒临当时的西湖湖岸,近岸湖面养殖荷花,每逢夏日,和风徐来,荷香与酒香四处飘逸,令人不饮亦醉,因此而得名。这个景点术语通过隐喻的手段用传说取代景点名称。

第三节 认知与词汇搭配

词汇搭配是弥补词汇空缺的重要途径,主要有四种方式:链条式搭配、辐射式搭配、综合式搭配和并列式搭配。词汇搭配像其他语言成分一样总是按照一定的顺序排列。词序反映了人类思维和认知的轨迹。词与词之间的组合关系在更大程度上反映了人们的经验结构。在这一部分从认知的角度用原型范畴理论和象似性理论阐释旅游英语词汇的搭配。

一、链条式搭配

(一)上下顺序搭配

上下顺序搭配的意思是词汇按上下顺序排列形成词组(A)。(A)充当原型的中心词与突显词结合形成新词组(B)。如果新词组与几种语境相关,那么这个新词组也可以充当原型与另一个相关词结合又形成新的词组(C)。词组(A)是词组(B)的上义词;相反,词组(B)是词组(A)的下义词。同样,词组(B)是词组(C)的上义词;相反,词组(C)是词组(B)的下义词。

Example:tour n.

The variation route:

English:tour(A)→inclusive tour(B)→ charter inclusive tour(C)

Chinese:旅游(A)→包价旅游(B)→包机包价旅游(C)

从上例可知,随着词汇数目的增加,词义变得越来越具体。这种变化趋势与数量象似性原则相吻合。如果概念需要体现更多的信息,那么词汇结构更复杂。

(二) 历时性顺序搭配

随着时间的推移，同一词汇与其他词汇的组合数逐渐增多。其中中心词（A）为原型。人们模仿原型词（A）形成新的词语（B）。同样，以词语（B）为原型，又可以得到（C）。再以词语（C）为原型，又可以得到（D）。再根据需要不断扩展获得更多的词语。例如：

English：Group tour（A）→Group leader（B）→Group visa（C）→Group booking（D）→……

Chinese：旅游团（A）→领队（B）→团体签证（C）→团体预订（D）→……

二、辐射式搭配

(一) 共时关系辐射式搭配

中心词同时与几个旅游语境相关，每一个新的语境都需要新的术语来表达。这里的中心词与旅游语境中的突显词相结合形成新的词语。中心词充当修饰语，而新词强调突显词。"Seat"可以按照这种方式形成下列短语。

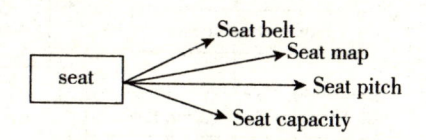

```
              Seat belt
              Seat map
  seat ──────→Seat pitch
              Seat capacity
```

图 3-1 共时关系辐射式搭配

通过搭配形成的词汇可以形成新的语义范畴。这些术语有类似的特征，其中突显词的意义受到"seat"语义框架的限制。

(二) 上下关系辐射式搭配

这种搭配强调中心词，而突显词充当修饰语。其中中心词是上义词。新词语是下义词。以"Tour"为例，表示如下：

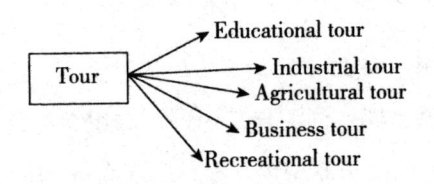

```
                    ┌→ Educational tour
                    ├→ Industrial tour
         [Tour] ────┼→ Agricultural tour
                    ├→ Business tour
                    └→ Recreational tour
```

图 3-2 上下关系辐射式搭配

这些新词汇都属于"tour"语义框架范围，它们用来表示目标明确的旅游类型，属于"tour"的下义词。

三、综合式搭配

中心词涉及多类旅游语境，因此词语的扩展既可能按链条式扩展，也可能按辐射式扩展。以"customs"为例，表示如下：

```
                    Customs inspection counter
                              ↑
                    Customs inspection          Customs duty
    Customs dealer  ←                    →
                              ↕
    Customs officer ←      Customs       →     Customs bond
                              ↕
    Customs                                     Customs detention
    regulation      ←   Customs declaration →
                              ↓
                    Customs declaration form
```

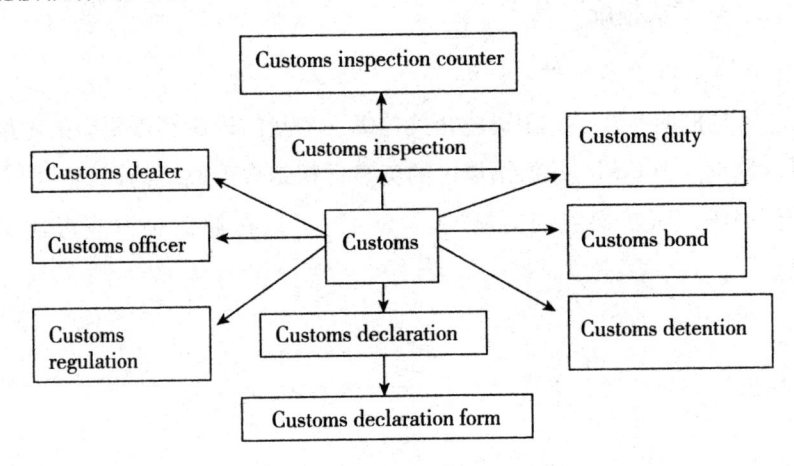

图 3-3 综合式搭配

语义分析：在海关，有一些海关规定"customs regulations"。同时，海关需要海关关务员"customs officer"对通过海关的人们进行海关检查"customs inspection"。海关检查牵涉到海关申报"Customs declaration"、海关关税"Customs duty"、海关债券"Customs bond"、海关拘留"Customs detention"。同样，海关检查"Customs inspection"时，前往海关检查柜台

"Customs inspection counter"。这些词汇可以形成相互关联的网络。总之，中心词"customs"可以充当原型，并与其他词结合形成新的术语。其中与旅游语境密切相关的术语又可以充当次原型继续扩展形成新的术语。

四、并列式搭配

并列式搭配词组由两个并列部分 A 和 B 组成。它们是平等的关系，都是中心词。这种关系可以用一个数学公式表达：$\{A\} \cup \{B\} = \{C\}$。这里的"C"表示新义。它们之间的搭配是有理据的；并且，词与词之间常按一定的顺序搭配。

（一）上下顺序

按上下顺序搭配的词汇有很多。如 ups and downs, heaven and earth, from head to foot, from top to bottom。这些词语形成上下顺序语义范畴。这样的例子比比皆是。如 man and woman, boys and girls, teachers and students, father and mother, husband and wife, brothers and sisters。许多新的词语，又以它们为原型，再通过隐喻、转喻等认知手段，形成更多的词语，表示更复杂或更广泛的意义。随着社会的发展，一些特殊意义的词汇也相继出现。例如，人们企图摆脱种族的歧视，出现与过去传统相违背的词汇，其中"ladies and gentlemen"就是很好的实例。

（二）前后顺序

按前后顺序排列的词汇也很多，如 front and back, before and after, fore and aft。这些词语形成前后关系语义范畴。

（三）里外顺序

按里外顺序排列的词汇也很多，如 in and out, imports and exports, entry and exit, at home and abroad。这些词语形成里外关系语义范畴。

（四）时间顺序

按时间顺序排列的词汇也很多，如 day and night, sooner or later, knife and fork, hit and run。这些词语形成时间关系语义范畴。

（五）因果顺序

按因果顺序排列的词汇也很多，例如，词语"flight delays and cancellations"包含两个部分，这两个部分有直接因果联系。也就是说，如果飞机误点，原来的登机时间就会取消。这样的例子还有很多，如 lost and found, sales and marketing, travel and tourism, hotel and housekeeping, slow and steady。

（六）主次顺序

按主次顺序排列的词汇也很多，例如词语 food and beverage, clothes rack, bread and butter, milk and water。在这些例子中，"food"比"beverage"更重要。同样，"clothes""bread"and"milk"在它们的词汇组合中也处于显要地位。

总之，在旅游英语中，词与词的搭配顺序比较广泛，与人们的身心体验以及知识结构相吻合，形成了多种并列结构范畴；其中的成员随着旅游业的发展，不断增加；因此，并列组合的形式又具有开放性。

第四节 认知与词义

本部分以人类经验为基础，从认知的角度，利用概念结构理论从词义演变基础、词义演变的方式、概念与意义的关系、多义词意义间的关系等层面探讨旅游英语词义演变的内在规律。

一、词义演变的基础

词义演变受到人类经验和认识事物规律的影响。词义是在人类经验的基础上，通过认知模式、文化模式建构起来的概念。认知模式主要有意象图式、隐喻、转喻。意象图式是对事物之间基本关系的认知基础上所构成的认知结构，是反复出现的对知识的组织形式，是理解和认知更复杂概念的基本结构。隐喻和转喻是对抽象范畴概念化的有力认知工具。

人类最基本的经验是对自身的了解。人的经验中具有多种意象图式，莱考夫（1987）总结了多种意象图式：部分整体图式、连接图式、中心边缘图式、起点—路径—目标图式。下文图3-5将提到的词义演变宏观模式是和中心边缘图式密切相关的。此图式的生理基础是：人体具有中心（躯体和内脏器官）和边缘（手指、脚趾、头发等）；树和植物具有树干、树枝、树叶。其实动物的繁殖更与此图式适合，母体生出几个儿子，儿子又生儿子，其中有单向的链条式传递，也有辐射形状传递。30年前，人类本身的生产呈辐射传递趋势，现在由于受到政策的限制呈单向的链条式传递趋势。构成要素：中心、边缘。中心是重要的，边缘依赖中心而存在。

旅游英语的专门词义演变的基础有三：一是经验空间，主要指出境游、国内游、出入境中介服务、海外劳务输出、海外留学、代办各国签证等相关业务，以及交通、运输、餐饮、旅馆住宿等业务范围。二是联想，即由现实事物、概念之间的相互联系所激发的联想。联想是引申方式的基础，如"飞机"常使人想到机场、机组成员、空中小姐、航道等。三是与文化相关的因素，如文化传统、风俗习惯等。

二、词义演变的方式

意义演变引申的方式是隐喻、转喻、提喻。隐喻是一种比喻，它利用事物甲与事物乙的相似性从甲概念域投射到乙概念域。转喻是甲事物与乙事物不相类似，但有密切关系时，可以以乙事物的名称来取代甲事物，利用的是两者的相关性，将指称事物甲的词语从甲概念域投射到想表达的事物乙概念域。提喻是局部代整体或以整体代替部分，或属概念与种概念互相喻指，于是就形成了认知投射。

三、概念与意义的关系

概念是认识世界的产物，是对事物本质的反映，是对一类事物进行符号概括的表征。意义描写是描写一个词语概念形成的意象，意象是概念内容在大脑中形成的构思方式，对事物的感知在大脑中形成表征。以意义为基础的知识表征是知识的心理反映，是保存在记忆中的命题及命题网络，命题网络又组织成信息集合，即图式。

四、多义词意义间的关系

多义是一个词语具有多种互相联系的意义。多义词的意义铺成一个语义网络，就像一个生态系统环环相扣。多义词构成一个以基本义为原型的认知范畴和语义范畴，次原型又与它的引申义构成子范畴，范畴套范畴。不同范畴中的词义之间的联系疏远，同一范畴内类的词义联系紧密。范畴是变化的，动态的。范畴成员具有家族的相似性，即原型成员与非原型成员、非原型成员与非原型成员之间可相互联系，离原型越近的非原型成员，它们之间关系越密切。由次原型演变而来的词义与它本身关系密切，它与原型关系不一定密切甚至疏远。人们对引申义经验越丰富，这个引申义成为次原型的可能性越大，人们对某个次原型经验越丰富，它演变的意义越多，越复杂。同时社会发展越快，词义演变速度越快、范围越广。

五、词义演变模式

人们认识事物的方式是有次序有组织的，语言中词义的演变也有自己的组织和规律。下面是他们的演变模式。

（一）词义演变微观模式

从原型（基本义）到引申义或者从次原型到引申义，经过了一个复杂的过程。认知语义学的研究成果表明词语意义的发展演变是人类认知范畴化和概念化的结果，范畴和概念是在人类经验的基础上，通过人类的认知模式和文化模式构建起来的，范畴划分的过程实际上是概念形成的过程；概念的形成与事物本身的特性有关，与人类的认知、实际交际情景等因素有关。概念形成后依靠符号获得意义。认知模式包括意象图式，隐喻、转喻以及框架、脚本等；意象图式是一种动态的感知抽象的过程。在这个过程中将空间和身体体验方面的结构映射到概念结构中，属于简单的认知模式；隐喻和转喻是对抽象范畴概念化的认知工具；框架、脚本是比较复杂的认知模式。随着人类的发展，人类经验的来源更加丰富，这样导致次原型的出现，新意义的产生。图 3-4 是从原型到引申义或者从次原型到引申义的微观（链条节点间）演变模式（廖光蓉，2005a：56）。

演变路径：原型（或次原型）→ 概念 → 词语 → 新义

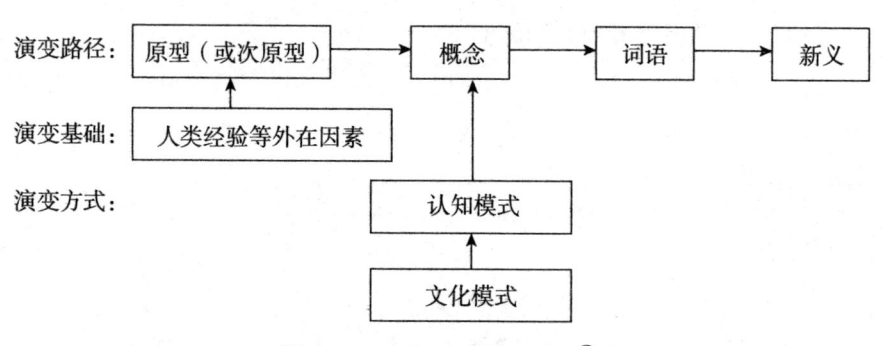

演变基础：人类经验等外在因素

演变方式：认知模式 ← 文化模式

图 3-4　词义演变微观模式①

（二）词义演变宏观模式

任何一个词都有一个基本意义。根据原型理论，这个基本意义就是其他意义的原型。在基本意义的基础上扩展出引申义，其中存在两种扩展方

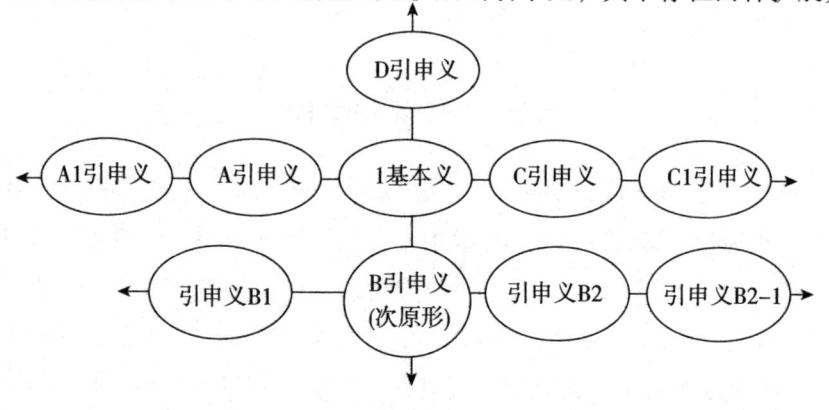

A1引申义 ← A引申义 — 1基本义 — C引申义 — C1引申义 →

D引申义

引申义B1 ← B引申义(次原形) — 引申义B2 — 引申义B2-1 →

图 3-5　词义演变宏观模式

---

① 在廖光蓉教授（2005a）的研究视角中，该模式被称为"词义演变总模式"。

式：一种是链条式，一种是辐射式。引申义可能成为次原型。次原型与其引申义构成次范畴。次原型像原型一样继续扩展。

图3-5体现了词义演变的扩展方式、路径以及基本义（原型或次原型）和各引申义分布的情况，也体现了词义演变的动态趋势。

（三）旅游英语词汇词义示例分析

air词义间关系演变模式网络如下：

air n. (1) 空气，大气；(2) 空中，天空；(3)（微）风；(4) 飞机；(5) 航空；(6) 外貌，神态；(7) 曲调，歌曲；(8) 机场；(9) 空运。

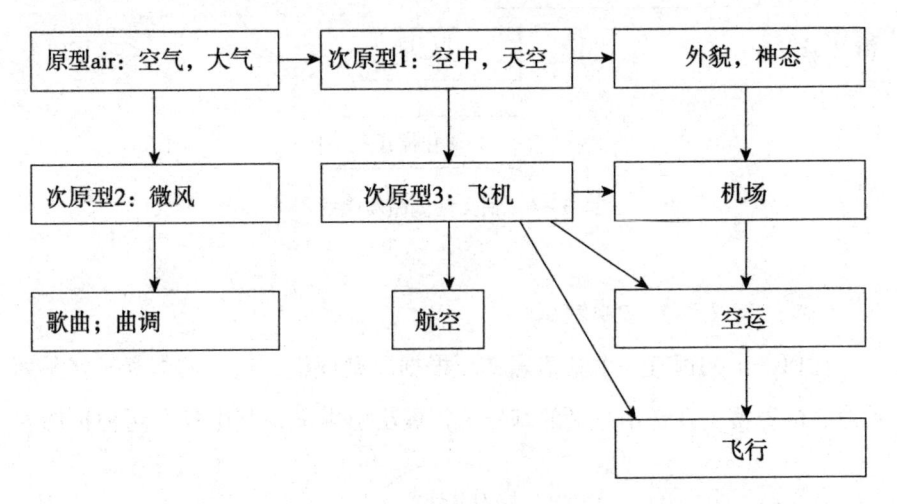

图3-6 "air" 词义演变模式

图3-6表明，以原型"空气，大气"为中心，通过转喻，辐射式引申出两个次原型，即次原型1和次原型2。从次原型1"空中，天空"出发，通过隐喻链条式引申出词义"外貌，神态"。从次原型2出发，通过隐喻链条式引申出词义"歌曲，曲调"。以次原型3"飞机"为中心，通过转喻，辐射式引申出四个词义，即"机场""空运""飞行"和"航空"。

由原型引申出来的词义是相关的。"空气，大气"存在于空中；"天空"是敞开的，人们日夜都可以感觉到的，所以引申出词义"外貌，神态"。空气的流动形成了风，风的声音又像歌曲，曲调。"飞机"必须着陆，这样必然联想到机场,飞机是用来飞行的,是用来载人载物的,这样必然联想到"飞行""航空""空运"。从以上分析可知,次原型与原型之间关系紧密。但是由次原型引申出来的意义与原型基本上没关系,有的有一点关系,但远不如次原型与原型的意义密切。

旅游业与交通运输密切相关,而飞机是主要的交通工具之一,这样"飞机"自然就成为旅游术语词义引申的次原型。由这次原型引出的术语也将是最多的。可以把含有"飞机"的旅游术语(air hostess 飞机女乘务员,air ticket 飞机票,air sickness bag 机上清洁袋,air terminal 候机大楼,air arrangement 机上服务)当作一个范畴。把含有"航空"的旅游术语(air carrier 航空公司,air traffic control 航空运输管制,air service 航空运输,air travel 航空旅行,air travel card 航空旅行卡)当作一个范畴。把含有"空运"的旅游术语(air cargo 空运货物,air traffic hub 空运枢纽)当作一个范畴。此外还有正在增加成员的两个范畴,即含有"飞行"的术语(air crew 飞行机组成员)的范畴和含有"机场"的术语(air strip 简易机场)的范畴。

六、词义演变方法

词义演变方法有三种:链条式、辐射式和综合式。实际上综合式演变更为普遍。

(一)链条式

随着时间的推移和语境的变化,旧词被赋予新义。如此往复,词义不断扩展。以 agency 为例,它主要包含三个方面的含义,如下:

a. power; (active) function e. g. through human agency

b. medium or someone who does business for others. e. g. the sole agency

c. organization e. g. Travel agency

语义分析:词义演变模式为 a→b → c;演变结果表明语义呈现从抽象到具体的趋势。由于新语境的不断出现,新义也不断出现。词义 b 是随着商品交换的出现而出现；词义 c 是随着旅行社团的出现而出现。

（二）辐射式

辐射式词义演变包括三种类型：语素不变、语素增加、语素合成。

1. 零语素词义演变

在同一时间，一个词在不同的语境中出现不同的意义，这种多义现象也普遍存在。

Example：play n.

Extended meanings：

a. v. to have fun

b. v. to do things to enjoy yourself

c. v. to take part in game

d. v. to make music with a musical instrument.

语义分析：原型 play 涉及多个语境，包括普通场所和特殊场所等，如操场、音乐厅、剧院等。

2. 语素增加型词义演变

中心词出现在多种语境中，与词缀结合出现多义现象。这种词义演变，可能引起词性的改变。

Example：image n.

Basic meaning：someone or something that looks exactly like another

Extended meaning：

a. Image n. shape of someone or something in stone, metal, or wood.

b. Imagine v. to have a picture of something.

c. Imaginary adj. not real; only in the mind

d. Imagination n. (a) making pictures in you mind; (b) thinking of new ideas.

e. Imaginative a. thinking of and form pictures or ideas of things that do not exist in real life.

f. Imaginings n. things that you think you have seen or heard, although actually you have not; a literary word

语义分析：中心词 image 与多个词缀结合，出现多个意义：雕塑，想象、设想，不真实的、想象中的、虚构的，想象、幻想，想象的、幻想的，想象出来的东西，幻想物等。

3. 语素合成型词义演变

中心词与另一个语境中具有实义的语素合成，出现多义现象。这种演变可以在词性内部发生。

Example：air n.

Basic meaning：plane

Extended meanings：

a. airport n. place where airplanes can land to pick up or put down people and goods.

b. aircraft n. machine that flies；helicopter

c. airfield n. place where aircraft take off or land

d. air – hostess n. woman who looks after passengers on an airplane

e. airline n. business with airplanes that carry people or goods.

f. airmail n. letters and parcels that go by airplane.

语义分析：air 属于旅游语境中经常出现的词汇。游客乘飞机牵涉到多个相关目标：机场、交通工具、服务员以及旅行路径等。

（三）综合型

综合型演变情况更为普遍。词义的演变常常可以形成复杂的语义网络，示例如图 3-7。

图 3-7 中的基本义和引申义如下所述：

a. to make food ready to eat by heating it（boil or roast）

a_1：to make rice or dishes

a_2：someone who makes food ready to eat

a_3：boiling or roasting process

a_4：(AmE) a book that tells you how to prepare and cook food

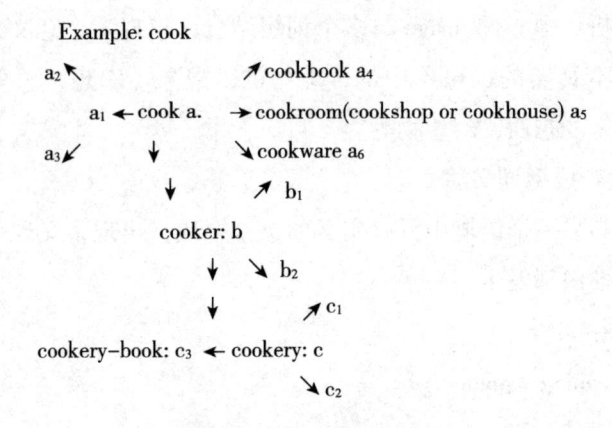

```
Example: cook
         a₂ ↖                    ↗ cookbook a₄
              a₁ ← cook a. → cookroom(cookshop or cookhouse) a₅
         a₃ ↙       ↓         ↘ cookware a₆
                    ↓          ↗ b₁
                 cooker: b
                    ↓         ↘ b₂
                    ↓          ↗ c₁
    cookery–book: c₃ ← cookery: c
                               ↘ c₂
```

图 3–7　综合型网络图

（图中 a，b，c…分别代表原型和次原型意义，其余代表引申义。）

a_5: a kitchen where you cook food

a_6: containers and equipment used for cooking

b. a large piece of equipment for cooking food on or in （stove or pan）

b_1 a fruit, especially an apple, that is suitable for cooking but not for eating raw

b_2 forger

c. making things ready to eat

c_1 the art or skill of cooking

c_2 the place of cooking

c_3 （BrE）a book that tells you how to prepare and cook food

语义分析：

1. 横向分析

首先，词义的起点是原型意义"a"。"a"代表整体行为，而"a_1"代表整体中的部分行为。词义"a"通过转喻方式引申出词义"a_1"。词义"a_1"作为次原型通过转喻方式辐射式裂变出词义"a_2"和词义"a_3"，其中，"a_1"表示个体行为，"a_2"表示行为角色，"a_3"表示行为过程。演变的结果是词义呈现由抽象到具体的趋势，以上改变并没有引起语义成分的改变。如果语义成分改变，就可能导致语义的改变。原型意义"a"可以通过增加语义成分，如 book (shop or house)，room and ware 等获得新意。原型意义"a"通过转喻方式分裂出"a_4"，"a_5"和"a_6"。演变的结果词义同样呈现由抽象到具体的趋势。

然后，次原型意义"b"通过转喻和隐喻方式辐射式裂变出词义"b_1"和词义"b_2"。其中"b"表示炊具，而"b_1"表示放在炊具锅中的调味品，也就是说用部分取代整体。而"b_2"表示个体行为，其中"b_2"和"b"属于不同的域，但他们有一种内在的联系。加工过的食品来源于生食，然而，它的外表又与生食不同，因此，词义"b_2"通过隐喻方式获得。

此外，次原型意义"c"也可以充当次原型。次原型意义"c"裂变出词义"c_1"和词义"c_2"，其中"c_1"代表行为艺术或技能，而"c_2"代表采取行为的处所，而"c"代表行为本身。它们之间的投射同样通过转喻手段实现。词义演变趋势同样由抽象到具体。

2. 纵向分析

语义演变的过称包含两个步骤：第一步，是词义从"a"到"b"。其中"a"代表个体行为，"b"代表行为者所使用的工具。这个过程通过转喻方式实现。第二步，是词义从"b"到"c"。在这个过程中整体取代部分，同样，语义的转化通过转喻方式实现。结果词义演变趋势同样由抽象到具体。

3. 分析结果

根据以上分析，我们得出结论：首先，在词义演变过程中，如果语义成分未变，那么引申义之间的差异较小；如果语义成分发生改变，那么引申义之间的差异较大。其中原型和次原型相关联的语境越多，那么语义演变能力越强。此外，词义演变趋势由抽象到具体。

七、词义演变趋势

旅游英语词汇覆盖面比较广，它主要包含两大部分的词汇：一是旅馆英语词汇，二是旅行社英语词汇。前者包括旅客入住登记以及旅馆各种服务所涉及的英语词汇。后者包括入境手续、接送游客、观光旅游、交通运输、购物以及旅游业务写作所涉及的各种词汇。英语词汇基本义出现专业化演变趋势。

Rosch（1978）指出，人们认识世界，即在对世界的认识进行范畴化时，存在两种似乎相矛盾的倾向：一方面，人们希望用一个词去涵盖更多的使用情景，把词义推向更高的抽象、概括层面，即体现认知的经济性原则；另一方面，人们希望传递的交际信息尽可能具体明确，这使得词的语义结构进一步演变，导致多义词的产生和更进一步的分化，这体现了认知的区分性原则。通用英语词义的演变基本上符合这两条原则，但旅游英语词义的演变像专门用途英语一样从抽象到具体，而且演变的起点（次原形）往往是在离原型比较远的位置。如果次原型词是旅游英语中的核心词汇，那么发生辐射式引申的可能性很大，例如，图 3–6 中"飞机"是旅游交通工具中的核心词汇，它通过辐射引申出 4 个词义，即"机场""空运""飞行"和"航空"。下面是词汇基本义出现专业化演变趋势的示例。

（一）同一词类内部的词义演变

1. 名词

A. custom

基本义：风俗，习惯

专门义：~s 海关，customs declaration form 海关申报表，the customs formalities 海关手续

B. economy

基本义：经济，经济结构，经济制度

专门义：普通，economy class 普通舱

2. 形容词

A. soft

基本义：软的

专门义：不含酒精的，a soft drink 不含酒精的饮料，淡的，soft season

淡季

B. hot

基本义：热的

专门义：

1）辣的。Sichuan food is strong and hot. 四川菜味浓而辣。

(2) 繁忙的。This is a busy city. 这是一个繁忙的城市。

3. 动词

A. order

基本义：命令

专门义：

(1) 预订，order a ticket 订票

(2) 点菜，order steak and chips 点牛排和炸土豆

B. check

基本义：制止，控制

专门义：

(1) 检查：check the drawings 检查图纸

(2) 托运，寄存，check your baggage 托运或寄存行李

(3) check in（在旅馆，饭店，机场等）登记

(4) check out（旅馆，饭店，机场等）结账后离开

（二）词类转移、词义演变

1. 名词转变为动词

A. book

基本义：书

专门义：预定，booking office 售票处

B. order

基本义：次序，顺序

专门义：预定，Please order for me. 请为我点菜。

2. 动词转变为名词

A. stop

基本义：停止

专门义：车站，bus stop 公共汽车站

B. change

基本义：变化，改变

专门义：零钱。I want some money. 我要一些零钱。

3. 动词转变为形容词，形容词再转变为名词

A. express

基本义：v. 表示，表达

专门义：adj. 快速的，特别快的，express mail 快邮

n. 快车，by express 乘快车

(三) 词义演变特征

1. 词义的链条式演变属于历时现象

随着时间的推移和语境的变化，词义从基本义到引申义链条式演变的方式属于历时现象。如图3-6中的air"空气→微风→曲调"的词义演变过程，从一个侧面反映了历史的进步。首先，人们了解到我们生活的空间存在空气；然后人们不断积累经验，发现风是由于空气的流动形成的；随着人们生活水平的提高，又开始欣赏周围美妙的事物，人们发现微风的声音很动听，于是又出现了曲调、歌曲。所以词义的扩展也是时代进步的产物。

2. 词义的辐射式演变属于共时现象

由于旅游语境的出现，一些通用英语词义演变出一些有关旅游方面的专门义，如果该意义涉及旅游的各个方面，这个专门义就会成为次原型，以辐射方式同时演变出几个新的引申义。这种词义的辐射式扩展方式属于共时现象。如图3-6中的次原型"飞机"，它同时与多个旅游语境相关联（停机场地、运输方式、交通路线、交通方式等），于是它辐射式引申出多个意义（机场、空运、航空、飞行等）。

第五节　小结

　　旅游英语词语的来源一是新词的产生，二是词义的引申扩展；后者是词语的主要来源。本章重点是研究词义的扩展。语言学家认为，在人类经验基础上建构起来的概念，依附于语言获得意义。随着社会的进步，人类经验不断丰富和更新，语义不断扩充，产生多义现象。词语意义的引申是从基本层面（原型）开始，与之类似的是旅游英语词语意义从离基本义比较远的节点（次原型）开始引申；往往人类经验越丰富，引申意义越多，并且辐射式演变的可能性越大，它的词义演变趋势常从抽象到具体。本章的研究，对认知语义学的完善有一定的理论意义，因为它强调生成和演变，弥补了认知语义学的一个弱项。此外本章的研究成果对旅游英语词语的学习有指导意义，一方面可以迅速扩大习得者旅游英语词汇量，从而提高学习效率；另一方面，通过对语言的理解和分析可以促进语言知识的记忆与迁移。

第四章

句　子*

　　旅游英语属于专门用途英语，它既与通用英语有共同特征，又有它自己独有的特征。在句法方面也是如此，句型结构既有共同点，又有不同点。本章的目的是研究通用英语句法和旅游英语句法之间的内在规律。通用英语句法是学习者学习旅游英语句法的基础，是语言学习的基本层面；旅游英语动态语境是旅游英语句法和通用英语句法之间存在差异的主要原因，句子成分的调整、句型的演变、转换和句子间的衔接都可以用象似性理论进行阐释。

第一节　句子认知基础

　　认知语言学中的象似性理论是句子演变的理论基础，习得者所掌握的普通英语句法知识是继续学习旅游英语句法知识的经验基础。例如，英语句型是继续学习的旅游英语句型的经验基础。简单句、省略句、倒装句、并列句以及复合句的知识是继续学习旅游英语句型结构的经验基础。陈述句、疑问句、祈使句、感叹句的知识是旅游英语语言功能表达的基础。

＊　本章改自作者发表的论文《旅游英语句法动态研究》，2007年6月载于《四川外语学院学报》。

一、句子演变的理论基础

语言的象似性是句子演变的主要理据。象似性理论认为语言符号的能指和所知之间有一种必然的联系，两者的结合是可以论证的，是有理据的。同样，语言的结构，特别是句法结构，甚至句法规则也是非任意的，是有理可据的（沈家煊，2005：104）。按照 Haiman（1985a）的说法，句法结构跟人的经验结构有一种自然的联系。认知语言学将象似性分为两大类：一是拟象象似性，二是隐喻相似性。拟象象似性是指句法结构映照认知结构的现象。第二类象似是隐喻象似，指从一个概念投射到另一个概念，从一个认知域映射到另一个认知域。拟象象似性有以下类别：顺序象似性、数量象似性、接近象似性、非对称象似性等。顺序象似性，即事件发生的时间顺序以及概念时间顺序与语言描述的线性顺序相对应。数量象似性，即在概念上信息量大，是更重要更难预测的信息，其语言表达更长更复杂。接近象似性，即认知上相近的概念在语言形式的时间和空间上也接近。对称象似性指在概念上具有同等重要性和并列关系的信息，在表达上具有对称性。非对称象似性指在认知上突显的信息往往处于话题的位置，其他信息则处于述题的位置。

二、句子演变的结构基础

在旅游英语语言表达中，简单句、省略句、倒装句和并列成分明显高于其他句型。句型结构和语言成分比较简单，句子重心有前移趋势，语言成分信息含量大等特征。

（一）简单句

旅游英语中的简单句明显高于普通英语。与其他专门用途英语相比，口语性强、简单句多；但与普通英语口语相比，简单句相对少一些。所以，人们认为旅游英语是介于口语和书面语之间的语言。例如：

(1) It's really excellent.

(2) Sichuan is a homeland of pandas.

简单句结构简单，容易表达。游客旅游主要是欣赏和消遣，语言带有一定的随意性，对表达的准确性要求不高。此外，游客旅行需要消耗体力，因此语言表达也趋于简单，所以简单句用得较多。

（二）省略句

在旅游的过程中，人们常常使用许多省略句。句子的意义常常用一个词组甚至一个单词来表达。例如：

(3) Attention, please!

(4) Anything else?

(5) Between the 4th and 14th century.

（三）倒装句

在旅游的过程中，人们常常使用许多倒装句。例如"here"开头倒装句比比皆是。如果这种句型中名词用作主语，那么这个句子的主谓成分需要倒装；如果它的代词作主语，那么这个句子的主谓成分不需要倒装。例如：

(6) Here is a customs declaration form for you to fill in.

(7) Here we are at the Memorial Hall of Lin Ze – xu.

（四）并列成分句

在旅游英语句子中，经常含有许多并列成分。这种句子可以避免语言成分的重复，可以用较少的语言成分表达较多的信息，同时又符合省力原则，节省体力。例如：

(8) Every room is equipped with a bath, a telephone and air – conditioner.

(9) The tour includes the airfare, hotel accommodation and three meals each day.

(10) My wife and I want to see the places of interest in Shenzhen, Guangzhou and Zhuhai.

(11) When and where is it on?

三、句子功能表达基础

从功能的角度来说,句子可分为陈述句、疑问句、祈使句和感叹句等。有时,人们也使用一些委婉语、俗语来表达语用目的。

(一) 疑问句

在旅游过程中,导游常常使用疑问句获得信息和澄清模糊意义。同时,利用疑问句唤起游客的好奇、产生悬念、激发兴趣等。例如:

(12) Have you enjoyed the seafood here?

(13) Do you know how many steps there are from here to the top of the mountain? I will tell you when you reach there.

(二) 感叹句

在旅游过程中,人们常常使用一些感叹句,赞扬美丽的风景、优秀的人物等。有时感叹句也采用陈述句的语言结构。例如:

(14) What a beautiful city Dalian is!

(15) How lovely it is!

(16) The sunrise is so magnificent!

(三) 祈使句

在旅游过程中,人们常常使用祈使句表示欢迎、建议、请求、个人愿望等。看下面的例子。

(17) Welcome to China!

(18) Look at those tigers.

(19) Please introduce them in detail.

(20) Have a nice trip!

(四) 委婉语

使用委婉语可以在导游和游客之间建立良好的关系。委婉语需要用迂回的句型结构来表达,有时采用虚拟语气。迂回的句型结构常常通过插入一些附加成分，使语言带有主观色彩。例如：I think, I believe, I expect, I hope, I am afraid, I am sorry, etc.

（21）Shall we go now?

（22）Would you please come with me to check the luggage?

（23）We would appreciate it if you could supply more details and quotations for the following itineraries.

（24）I am afraid you have made a mistake.

（25）We expect that it will be helpful to you.

（26）Allow me to introduce myself to you.

（27）I would like to exchange this for a smaller size.

（五）俗语

在旅游过程中可以用俗语来增强表达效果，在俗语中常常使用隐喻、转喻等认知方式。

（28）The river is like a green silk ribbon, while the hills are emerald hairpins.

（29）It is more difficult to get to Sichuan than to reach the blue sky.

第二节 认知与语言成分

句子成分与旅游语境有密切的关系。旅游语境是一个动态语境，随着旅游路径或游客的改变而变化。此外，在导游过程中，旅游语境始终处于突显状态，所以旅游语境中的句子表达也处于动态状况。

一、语言成分省略与替代

在旅游英语中，一些表示语境意义的成分常常省略。经常性的行为、旅游中的正在欣赏的物品和景点等在旅游过程中处于突显状态，它们的语义框架处于激活状态，不需要语言成分重新激活，所以可以省略或弱化。

(30)（Are there）Anything else?

(31)（Please give me）your ticket, please.

(32) What a beautiful city（Dalian is）!

(33) How wonderful（the play is）!

(34) How lovely it is!

(35) That is splendid!

在句子（30）中，表示存在的词汇被省略；在句子（31）中，表示正在进行的行为动词被省略；在句子（32）和句子（33）中，正在被欣赏的目标名词被省略；在句子（34）和句子（35）中，代词"it"和"that"取代被参观的景点名称。实际上，在说话双方相互明了的情况下，用句子中的部分成分取代整个句子，采用了转喻的认知方式。

二、语言成分的补充

为了实现旅游目的，满足游客要求，我们可以增加一些语言成分弥补语用意义。示例如下：

(36) You <u>do</u> try good local dishes in Beijing.

(37) We <u>have to</u> check you parcel before you seal it.

(38) I'<u>d like</u> to have a table for eight.

句子（36）中的"do"被用来加强"try"的语气。句子（37）中"have to"被用来强调客观要求。句子（38）中的"d like to"被用来表示主观的愿望。通过增添语言成分，增加语用意义，符合数量象似性原则。也就是说，概念包含的信息越多，语言表达形式越复杂。

我们也可以通过调整句子内部的语言成分改变语用意义。比较下面的两个句子：

(39) The mountain has lots of well-documented scenic spots with some old temples.

(40) The mountain has some old temples and lots of well-documented

scenic spots.

在句子（39）中的景点和古庙是包含关系，在句子（40）中的景点和古庙是平行关系。根据对称象似性原则，并列结构能强调平等，避免厚此薄彼。所以，在旅游交际中，强调同等重要，强调平等就用并列结构。

三、语境成分的借用

旅游英语句式中语境成分借用现象非常普遍。最常见的语境借用手段就是隐喻，隐喻有两种，它们是隐喻常规构建和跨文化构建，我们将在第七章详细探讨。

语境借用，主要是通过类比的手段使游客迅速了解被类比事物，以求最快的速度达到文化的沟通。在旅游英语句式中含有大量俗语，在俗语中语境借用现象非常普遍。如：

（41）Guilin's scenes are the finest under Heaven, but Yangshuo's are still better. （借用桂林衬托阳朔）

（42）In Heaven, there is paradise; on earth, there are Suzhou and Hangzhou. （借用天堂衬托苏杭）

（43）No mountain is worth seeing after a trip to the Five Sacred Mountains, but none of the Five is worth seeing after a trip to Huangshan. （借用五岳衬托黄山）

语境借用，可以用原型范畴理论进行合理的阐释。下面以句子（41）为例。

天下

1. 地名
2. 风景秀丽
3. 景区
4. 桂林是天下最美的

桂林

1）地名
2）风景秀丽
3）景区
4）桂林是天下最美的

阳朔
(1) 地名
(2) 风景秀丽
(3) 景区中的部分
(4) 阳朔是天下最美的景区中最美的一部分

"桂林"属于基本层次范畴词,"天下"是它的上义词,而"阳朔"是它的下义词。"桂林"在"天下"是非常著名的,借用"桂林"进行类比,人们就很容易了解被类比物"阳朔"。

第三节 认知与句型

普通英语句型是学习旅游英语句型的基础。但是一些普通英语句型在特定的旅游语境中可能需要调整和转化。这一部分将从句子的结构类型和功能类型进行分类探讨。

一、认知与结构特征句型

根据结构特征,句型可以分成三类:简单句,复合句和并列句。为了适应旅游语境,达到旅游目的,句型有时需要进行转化。根据象似性理论,语言结构从很大程度上是对概念和经验的反映。根据我们对旅游英语句型的收集和统计,简单句和复合句存在双向转化趋势,并列句存在向简单句转化趋势。

(一) 简单句 → 复合句

从简单句变成复合句这一模式,根据象似性理论,可以增添旅游语言特征意义。例如,加入具有主观色彩的词"I think, I believe, I am afraid, I'm sorry, It's a pity, I'm sure, I hope, I expect, It's reported, It's said",使

语言委婉，含蓄；有时还可以用来加重语气，表达个人愿望或观点以及不确定等意义。看下列示例。

(44) I don't think you are right.

(45) I am afraid four hour's time is not enough for us to see all the places.

(46) It's a pity that this dish has been sold out.

(47) I'm sorry to say, Mr. Smith, I can hardly agree to such conditions.

(48) I'sure we have made a reservation.

(49) I expect after such a long trip, you'd like to have a good rest.

(50) It's reported that many people go to Sanya for their vacation.

上面的句子，画线部分都能独立成句。变成复合句后，句子增添了主观色彩。句子（44）和（45）表示拒绝或否定，变化后加入了委婉的成分；句子（46）和（47）表示不好的结果，变化后表达了自己遗憾的心情；句子（48）增添了果断的语气；句子（49）变化后表达了个人愿望；句子（50）变化后加入了不确定的意义。也可以加入条件从句，把简单句变成复合句，表达委婉、建议等语气。

(51) You may go Anyang to visit some ancient relics.

(52) If you are interested in ancient relics, you should visit Anyang.

句子（52）比句子（51）建议的语气更加委婉。根据数量象似性原则，信息量越大，越重要，其语言表达更长更复杂；这里增加了语言成分，固然增加了特征意义。

(二) 复合句→简单句

从复合句变成简单句这一模式，这种语言表达适合于旅游追求悠闲、放松的目的，避免了语言表达使用严密的思维表达方式造成导游和游客之间的紧张气氛。试比较下面的两个句子。

(53) The Heavenly Capital Peak that we will look at is the most precipitous peak of Mount Huangshan. （普通描叙）

(54) Look at that peak. It is the Heavenly Capital Peak, the most precipitous peak of Mount Huangshan. （适合旅游英语）

句子（53）是一个复句，语言精练，但是没有体现语言的表达层次，听起来令人费力。根据接近象似性原则，相临近的概念就容易快速被激活，这种表达缩短了信息处理的时间，但是缺乏旅游语言的特点。句子（54）含有两个简单句，中间没有任何连接词，但是语言依然连贯。根据顺序象似性原则，即事件发生的时间顺序以及概念时间顺序与语言描述的线性顺序相对应。前面的动作先于后面的动作，体现了客观世界、认知、语言的一致性，同时又体现了旅游语言的特点。

复合句→简单句这一模式除了使语言变得随意之外，简单句由于结构简单，容易发生内部调整，所以用来表达旅游语言特征比较容易。试比较下面两个句子。

（55）Lin Zexu was an official. It was he who destroyed the 20,000 chests of opium in Humen in 1839.（适合旅游英语）

（56）Lin Zexu was an official who destroyed the 20,000 chests of opium in Humen in 1839.（普通描叙）

句子（56）是一个复合句，包含了句子（55）中两个简单句的含义，但由于句型结构不同，产生的效果不同。根据非对称象似性原则，这两句都把人名放在句首，突显主题人物。但句子（55）的后半部分又使用了强调句型把主题人物再一次提前，这样不仅突显了主题人物，而且突显了主题人物所做出的重大贡献。

二、认知与功能特征句型

根据句子的功能特征，句子可以分成四种类型：陈述句、疑问句、祈使句和感叹句。在旅游英语中，疑问句和感叹句所占比例比通用英语高。其中祈使句和肯定句有向疑问句演变的趋势。演变模式如下：

```
          ↗ 陈述句
祈使句 ↗
       ↘ 疑问句 → 虚拟疑问句
```

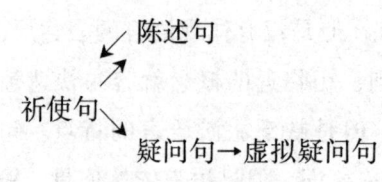

（一）祈使句→陈述句

从祈使句变成陈述句后，可以强调主体责任、义务或对特定个体的要求。

（57）<u>I will</u> ask a waitress to show you the way.

（58）<u>The mother</u> seated your baby on your knees.

句子（57）增添画线部分变成陈述句，强调主体义务；句子（58）增添画线部分，强调对带小孩母亲的特殊要求，符合非对称象似性原则，突显的信息往往处于话题的位置（一般为主语的位置）。

（二）陈述句→祈使句

从陈述句变成祈使句后，强调旅游机构对整体的基本要求，是一种坚定的语气。一般情况下导游语言需要委婉，但原则性的问题不能含糊。例如：

（59）Let me check the reservation list.

（60）Please put your suitcase on the rack.

符合非对称象似性原则，不突显的信息往往不处于话题的位置。

（三）祈使句→疑问句→虚拟疑问句

祈使句→疑问句→虚拟疑问句这一组模式，句子表达礼貌、客气的程度呈现递进趋势。

（61）Please help us by calling them.

（62）Can you help us by calling them?

（63）Would you please help us by calling them?

句子（61）适合于普通语境；句子（62）和句子（63）适合于旅游语境。句子（61）是一种没有回旋余地的请求，适合于上级对下级；句子（62）给人一种可以说借口机会的请求，适合于平级或上级对下级；句子

（63）是一种语气委婉、客气的请求，适合于平级或下级对上级。语言表达同样符合数量象似性原则。

三、认知与句型演变趋势

在旅游英语中，对语言意义的表达出现句子数量增多的趋势。比较下列句子。

（64）This violin playing is called "Liang Zhu".

（65）This violin playing is called "Liang Zhu". They are Chinese "Remeo and Juliet". It is a love story.

（66）Can you give us some suggestions to tour Lijiang River?

（67）We have a free day tomorrow and we'd like to tour Lijiang River. Can you give us some suggestions?

句子（64）在汉语表达中，语言意义已经明确，但是对于西方人来说语言意义仍然模糊，这要求进行句子扩展；句子（65）是句子（64）的扩展，扩展的内容就是对文化障碍词的解释和说明，只有通过扩展，西方人才明白句子的真正含义。句子（66）是很正规的语言，似乎要求对方作出认真的回答，给人一种压力感；句子（67）说话很随意，语气显得亲切，没有一定要认真回答的含义；句子（67）增加了句组句子同时，它的隐含意义非常丰富，比句子（66）更适合于旅游语境。可见，句子的扩展通过数量象似性原则可以得到合理的解释。

第四节　认知与语态

一、主动句变被动句

在旅游英语中，主动句变成被动句后，可以缓和对对方责备的语气。也就是说，如果说话人的态度是否定，常用被动句。

(68) You made a careless mistake when you went into the park.

(69) A careless mistake was made when you went into the park.

句子（68）变成句子（69）后，突显的对象发生了变化，句子（68）突显"you"，句子（69）突显"a careless mistake"。句子（69）避免了对当事者直接的责备，责备的语气变轻了一些，符合非对称象似性原则。

二、被动句变主动句

被动句变成主动句之后，可以强调主体的行为或结果。比较下面的句子。

(70) All the tasks have been finished.

(71) You have finished all the tasks.

句子（70）强调动作的结果，句子（71）强调表扬对象。同样，这里的调整也符合非对称象似性原则。

第五节 认知与句子衔接

象似性既是语言的自然属性，也是重要的认知原则（卢卫中、路云，2006：14）。句法结构跟人的经验结构的自然联系已经体现在句子各个层面。认知语言学中的象似性理论不仅能阐释句子成分的调整、句型的演变和转换，还可以用来阐释句子成分的衔接以及句子间的衔接。

一、时间衔接

在旅游英语使用过程中，按照事件发生的先后顺序进行介绍或描述，使语言表达出现条理清楚、前后衔接，符合语序象似性原则。其中，语序象似性指叙述的线性顺序与所论及的概念时间序列一致（Hiraga, 1994：8）。例如：

(72) The coach is moving. Please fasten your safety belts! Sit back and re-

lax yourselves! (朱华，2006：31)

(73) Look at the ripples! The colorful ripples are trembling when the autumn wind blows. (朱华，2006：44)

第一组句子(72)按动作的先后顺序衔接；第二组句子(73)也是按动作的先后顺序衔接，并且采用了顶真的修辞手法。

二、空间衔接

时间和空间是两个基本的概念。根据象似性理论，语言结构映照人类的经验结构，因此，时空概念是语序的基本生成机制。而人类对空间顺序的感知也就成为句子成分或句子组合的认知基础。同样空间衔接也符合语序象似性原则。其中，叙述的顺序与所论及的空间序列一致。

1. 方位顺序

在旅游英语中，按方位顺序组合的句子很多。上下顺序的排列方式很多，但是由于东西方生活经验的差异，西方国家的有些方位顺序与东方国家的方位顺序正好相反。例如：

(74) Built along the riversides and decorated with flying eaves, carved windows, porcelain furniture, figured clay bricks, dapper gardens and small corridors stairs leading down to the water, these complexes mean Tongli is shining star pearl among the water-towns south of Yangtze River. (朱华，2006：82)

这个句子中的过去分词短语比较长，特别是其中的介词短语部分，但是它是按照从上而下的顺序排列，使句子长而不乱。自上而下的认知顺序，源于人类有直立行走的习惯和对地球引力的感知经验。

(75) Mr. Chen takes a cane in his right hand and his coat in his left. He looks forward, as if he were just returning from a long journey. (朱华，2006：122)

这个句子也是按方位顺序组合的，组合顺序与汉语有些差异。

2. 大小顺序

通常按由大到小的顺序排列。因为"大比小显著"（沈家煊，1997：7），所以，这种视觉感知顺序反应在语言表达的次序上。例如：

(76) Rooms are built along the four sides of the square. Beijing's courtyards have three sizes – the bigger ones, the middle – sized ones and the smaller ones.

三、对称衔接

对称象似性指在概念上具有同等重要性和并列关系的信息在表达上具有对称性（赵艳芳，2001：161）。也就是说，相同或相近的语言形式的并列表示意义相同或相近。旅游英语句子表达所体现的象似性主要通过排比和回环两种修辞手法得以实现。

（一）排比

排比结构中的并列短语常常在三项或三项以上，但他们常是平行排列，互不依从，没有层层推进的意思，也不会形成高潮或顶点（李鑫华，2003.235）。例如：

(77) Here you can find 58 species of bamboo trees, such as <u>flower bamboo, fovea bamboo, abacus bamboo, cotton bamboo, Xiangfei bamboo</u>, etc. （朱华，2006：148）

(78) As a tourist resort it has <u>108 lakes, 47 springs, 17 splashing waterfalls, 11 turbulent streams, 5 shoals.</u> （朱华，2006：57）

上面两句划线的部分都符合排比的条件，因此，它们都属于句内排比。这种句内对称结构，使句内成分相互衔接，制造一种均衡美。

（二）回环

句子中的构成成分前后之间形成明显的循环对称结构，前后衔接连成一体，有助于表示循环往复或相互转换等概念。例如：

(79) Studying without thinking leads to confusion; thinking without studying leads to laziness. （朱华，2006：4）

上例中的两个小句采取逆向重复的形式和相互转换的意义，小句间衔接紧密，意义连贯，成为千古绝句。

四、综合式衔接

有时句子成分或句子间的衔接比较复杂，在同一组句子中，常常包含多种衔接方式，可以从认知的多个角度用象似性理论阐释。例如：

(80) The tree has three branches, and each of them has three twigs; on each of the twig there is a fruit. Please notice that, one fruit upwards and the other two fruits downward. （朱华，2006：73）

这里是两个句子的组合。首先，按由大到小的顺序排列，它的前半部分除了按由大到小的顺序排列外，还采取了顶真的修辞手法。而它的后半部分却按由上而下的认知顺序排列。

(81) The paintings are of similar subjects: heaven, the human society and the nether world. The top section portrays the sun, moon, stars, the celestial beings, heavenly gate guards, a big mythic tree, etc. The middle section depicts a scene of the tomb occupant offering sacrifices to the gods. The bottom section represents a giant standing on the back of a pair of big mythical fishes, holding up the earth. （曹波、姚军，2002：98.）

这个句组由四个句子组成。首先，采取由总到分的顺序。第一句为总写，句内的并列成分采取由上而下的认知顺序衔接；后面三句为分写，句间采取由上而下的认知顺序衔接。

第六节　小结

本章主要利用认知语言学中的象似性理论和语境知识阐释旅游英语句子在旅游语境中的特殊用法。旅游英语属于专门用途英语，它既与通用英语有共同特征，又有它自己独有的特征。在句法方面也是如此，句型结构既有共同点，又有不同点。习得者所掌握的普通英语句法知识是继续学习旅游英语句法知识的经验基础；其中普通英语句型是继续学习的旅游英语句型的经验基础。简单句、省略句、倒装句、并列句以及复合句是继续学习旅游英语句型结构的经验基础。陈述句、疑问句、祈使句、感叹句是旅游英语语言功能表达的基础。通过对句子的归纳、分析和描写，发现通用英语句法和旅游英语句法之间有许多的内在联系，认为普通英语句法是语言学习的基本层面，以基本层面中的原型为基础，对句子成分进行调整、句型演变、语态转换等手段使普通英语句法知识转化成旅游英语知识。其中在句子成分的调整中，语境中成分的省略与替代是利用语境和意义之间的隐喻象似性用突显语境取代省略的句子意义；对句子成分的补充实际上也是对句义的补充，可以用数量象似性原则进行阐释；语境成分的借用，实际上是利用隐喻手段使游客迅速了解被类比的语境，目的是克服文化障碍；句型转化包括句子结构类型转化和功能类型转换，其中，句子内部的转换，主要是语言成分的增减，可以用数量象似性原则进行阐释；而句型结构范畴类型的转化可以用接近象似性原则、顺序象似性原则以及非对称象似性原则进行阐释，接近象似性原则用来阐释句子平行成分的排列顺序，顺序象似性原则用来阐述有时间先后或概念先后的语言成分的排列顺序；句子功能类型的转换以及语态的转化主要用非对称象似性原则进行阐释，即突显的信息处于话题的位置，句子数目的增减主要可用数量相似性原则进行阐释。这些研究的成果将有助于旅游英语句法研究的继续深入，有利于旅游英语的教学和习得。

第五章

语 篇

语篇研究一直是认知语言学研究的弱点。王寅（2007）也希望将认知语言学从词句层面扩展到语篇层面，并运用认知语言学的基本观点和认知方式分析语篇的连贯性。近年来，作者对语篇进行了一些认知研究，并认为有很好的研究前景。这一章将在作者现有研究的基础上利用脚本理论（Script theory）阐释旅游英语情景会话（Situational conversation）的构建；利用意象图式（Image Schemas）理论阐释旅游景点段落的扩展；利用图式理论从内容和形式两方面探索语篇构建规律。最后，总结和阐述本章的主要观点并展示其应用前景。

第一节 认知与情景会话[①]

一、脚本理论与会话

脚本是图式的一种类型。图式是人的头脑中关于外部世界的知识的组织形式，是人们赖以认识和了解周围事物的基础。最早提出图式概念的是英国心理学家 F. C. Barlett（1932）。20 世纪 70 年代成为人工智能方面研

[①] 本节改自作者发表的论文《脚本理论与情景会话的构建》，2007 年 10 月载于《语文学刊》。

究的重点问题,人工智能要解决的问题是如何使计算机识别和理解典型的场景和话语,于是他们开始分析诸如餐馆、洗衣店、医院等各种生活中的典型场景,分析他们的相关图式模型。人们把这类情景图式称为脚本。在认知语言学里,脚本(script)指的是特为那些经常地、反复地出现的事件序列而设计的知识结构(蓝纯,2005:105)。其实,脚本就像演出的剧本一样。在固定的情景中,人们要总是按照一定的程序办事,但是办事的方式又存在个体差异。因此,脚本既有静态特征,又有动态特征。

二、情景中的脚本分析

旅游英语中的情景会话主要可以分成九大类:迎客、在银行、在餐馆、观光旅游、交通、服务、购物、娱乐活动、送别等。电脑专家 Roger Schank 和社会心理学家 Robert Abelson 设计了著名的 [restaurant] 脚本。下面以这一脚本为范例分析几个脚本。

(一) 迎客脚本分析

迎客脚本可以分成三个场景,即等候、迎接和带回。第一个"等候"场景发生是以一系列条件为前提的。见表 5-1:

表 5-1 [welcome] 脚本的前提条件

Props	Roles	Entry conditions
Waiting room	Tour group (T)	T like tour
Luggage	Tour leader (I)	L has a ability to manage
Ticket	Guide (G)	L has money
Passport		
Money		

导游从机场接待境外游客,是整个旅行工作的开始。接待游客之前必须做好充分的准备,游客涉及不同国家,不同语言,还涉及不同的行业,导游必须首先了解游客的身份,做好心理准备。迎接包括等待、寻找和介

绍几个过程。导游必须提前到达机场,飞机到达后,要在众多的游客中找出自己要接待的人。必要时把客人的名字或团队的名字写在牌子上,举牌示意客人。找到客人后,向客人自我介绍,并向客人问候,问候的方式多种多样。让行李员把客人的行李送到车上,检查好行李,以免行李出差错。然后点清人数,以防客人掉队。然后,再带客人上车,送客人到酒店。

(二)餐馆脚本分析

餐馆脚本可以分成四个场景,即步入、点菜、用餐和离开。第一个"步入场景"的发生以下列条件为前提。见表5-2:

表5-2 [restaurant] 脚本的前提条件

Props	Roles	Entry conditions
Tables	Customer (S)	
Menu	Waiter (W)	
Food (F)	Cook (C)	S is hungry
Bill	Cashier (M)	S has money
Money	Owner (O)	

(据Ungerer & Schmid, 1996:214)

当满足了[restaurant]脚本的前提条件之后,就可以进入点菜场景。在点菜场景中包括两个过程。第一是顾客获得菜单的过程。在这一过程中,有三种可能状态,或者桌上放着一本菜单,或者侍者把菜单送过来,或者顾客示意侍者把菜单送过来,但结果都是顾客获得了菜单。第二是厨师获得点菜信息的过程。在这一过程中,厨师获得的信息可能直接从顾客获得,也可能通过服务员转告获得,但结果都是厨师获得了点菜信息。由此可知,在点菜场景中包含了固定的程序显示出静态特征如两个过程,在这两个过程进行中,方式方法又出现多样性,显示出动态的特征。

(三)观光旅游脚本分析

观光旅游是旅游的主要项目,可以分成三个场景,即准备旅游、组织旅游和告别等。第一个"准备旅游"的场景也是以一系列条件为前提的。见表5-3：

表5-3 [sightseeing] 脚本的前提条件

Props	Roles	Entry conditions
Sightseeing guide book Scenic spots Visiting ticket Luggage Money	Tour group (T) Tour leader (L) Guide (G)	T like tour L has a ability to manage L has money

准备旅游包括确定景点和确定旅行路线等。在这一过程中，都要进行事前安排活动。客人到旅行社询问情况时，应给予热情接待，弄清是参加包价旅行（package tour）还是单独旅行（travel alone）。向游客提供观光指南（sightseeing guide books）并推荐游览风景。对于参加包价旅行的客人，应详细介绍旅游所需时间、旅行费用、旅行的景点等。常用的句型有"It will take…to do sth.""The price of the tour is…""The itinerary includes…"等。上面的三个场景是固定的，并且总是按照同样的顺序。但是准备旅游、组织旅游和告别的过程又是动态的，并随游客个体嗜好而变化。同样，句型中写出的部分是固定的，具有静态特征。句型中省略的部分是灵活的，随着具体情况的变化而变化，具有动态特征。

（四）交通脚本分析

交通是旅游业不可缺少的组成部分，可以分成三个场景：出发前的准备、旅行中的服务工作、到达目的地的服务工作。[traffic] 脚本的前提条件如表5-4：

表5-4 [traffic] 脚本的前提条件

Props	Roles	Entry conditions
Vehicle Luggage Money	Tour group (T) Tour leader (L) Guide (G) Driver (D)	T like tour L has a ability to manage L has money

首先要选择交通工具。交通工具的选择是动态的，可以选择飞机、轮船、火车及出租车等。在出发前，要弄清楚游客去哪、要车的时间等，并对游客关于计价、中途停车等疑问和要求做出回答和处理。有些句型经常使用："What time do you want to get a ...?" "We figure the ... fare by kilometer", "It will take ... hours to get to the destination?" "Ok, let's stop at ..."客人到达目的地询问车价时，可以说："It is... yuan."然后把零钱找给客人，可以说："Here is your change."

三、情景会话的构建

这部分将分析具体情景中的脚本特征，其中包括整体特征和个体特征，结合特征并通过一些典型事例通过模仿、比较等手法，探讨旅游情景中英语会话的构建规律。

（一）具体旅游情景中的脚本特征

在购物情景中，购物情景脚本可以分成六个场景，即进入、询问、议价、确定、付款、道别等。第一，当游客进入商店，导游应该给予指导。第二，游客询问商品情况，挑选他们想买的东西。导游将激发游客的兴趣并推荐商品，同时，游客将根据自己的喜好并结合导游的推荐挑选商品。第三，游客与店员根据各自的利益相互讨价还价。第四，确定买还是不买。第五，按照协议价格付款。第六，道别包括感谢合作愉快并欢迎下次光临。也就是说，在商店的购物情景中会出现一些经常使用的语言表达句型有接待游客的常用句型、推荐商品的常用句型、确定商品的常用句型、议价的常用句型等。一方面，上面六个场景都是一个不可缺少的整体，涉及的上一个环节是下一个环节的前提条件；另一方面，虽然语言的选择有固定的范围，但导游、游客、服务员都各自根据自己的交际目的选择相应的语言表达方式，语言选择又具有动态性，即存在个体特征。例如，游客走进商店，服务员可以从下面的句子中进行挑选：

① What can I do for you?

② What can I show you?

③ Can I help you?

④ Anything I can do for you?

⑤ Do you want to buy something here?

⑥ Are you looking for gold jewels?

⑦ What kind of jewelers do you like to have?

下面会话是商店购物典型范例（刘上扶，2003：202）。

At a China Shop

（A = Mrs. Smith，B = a shop assistant）

B：Good morning, madam. What can I do for you?

A：Good morning, Miss. What do you call this?

B：You've made a good choice, madam. This is called egg – shell china.

A：Oh, I see, I have seen it in my friend's room.

B：It is the best quality porcelain, made in Jingdezhen.

A：Yes, I know it. Isn't it called "the capital of porcelain"?

B：Yes, madam. It is not for use, but for show.

A：China's goods are always unusual. How much is it?

B：One set with 12 animals' symbol costs 180 Yuan.

A：Oh, it's too expensive. Can't you offer a deduction?

B：Sorry, madam. You know, it is known to be "as white as jade and as thin as paper".

A：But I'm afraid... Oh, it's of perfect Chinese traditional design, isn't it?

B：Yes, indeed.

A：Then, I'll take one set. Give me the bill, please.

B：Here you are. Thank you for your visiting indeed.

下面的购物脚本，主要从购物的先决条件和购物程序，探讨购物语境中的语言表达方式。如表5-5：

表 5 – 5 [china shop] 脚本

Props	Porcelain, cash or check, counter
Roles	A customer (Mrs. Smith), A shop assistant
Entry condition	① Mrs. Smith wants to buy some porcelain at a china shop. ② She has money.
Result	Mrs. Smith decided to buy one set with 12 animals' symbol.

Scene Number	Tourism situations	Main contents
Scene 1 Entering	Mrs. Smith enters into a china shop to buy some goods.	A shop assistant: Good morning, madam. What can I do for you?
Scene 2 Asking information and recommending goods.	When Mrs. Smith sees eggshell china, she wants to learn some information on the goods.	Mr. Smith: What do you call this (asking information)? China's goods are always unusual (picking). A shop assistant: It is the best quality porcelain, made in Jingdezhen (recommendation).
Scene 3 Bargaining	The customer wants to reduce provided price but a shop assistant want to keep the price.	Mr. Smith: Oh, it's too expensive. Can't you offer a deduction? A shop assistant: Sorry, madam. You know, it is known to be "as white as jade and as thin as paper".
Scene 4 Determining	Mr. Smith determines to buy one set according to the quality.	Mr. Smith: Then, I'll take one set.

续表

Scene Number	Tourism situations	Main contents
Scene 5 Paying the bill	Mrs. Smith prepares to pay for the goods.	Mrs. Smith: Give me the bill. A shop assistant: Here you are.
Scene 6 Ending	The shop assistant hopes they will get more trade opportunity in the future.	A shop assistant: Thank you for your visiting indeed. A shop assistant: You are welcome.

由上可知，购物脚本中的六个场景都按照一定的程序进行。第一个场景和第六个场景的主要目的是表达礼貌和激发游客兴趣。第三、四个场景，关系到双方利益，语言表达谨小慎微，会话达到高潮，语言特征最明显、最突出。第五个场景使用的语言属于付款过程中常用语言。

(二) 情景会话的构建方法

情景会话的本身是一个有序的整体。此外，情景会话之间也存在许多内在联系。当我们想构建一个新的情景会话，我们可以把典型情景会话当作原型。例如，游客走进银行，我们可以模仿购物脚本做一个银行脚本。见表5－6：

表5－6　[bank] 脚本

Props	Roles	Entry Conditions
① Cash or check ② Machine checking money ③ Computer ④ Counter	① a cashier ② A customer	① A customer has some money. ② A customer wants to save or exchange money.
Scene number	Content	Typical sentences
Scene 1	Entering	① Can I help you? ② What can I do for you?

续表

Props	Roles	Entry Conditions
Scene 2	Information communication	① What's procedure for opening a savings account? ② Please tell me how to operate this account? ③ Can you tell me my balance?
Scene 3	Dealing with savings or money exchange	① A minute, please. We'll settle the account. ② Please fill out the application form. ③ Could I see some of your I. D. ? ④ If you want to cash the check, please sign on the bottom line.
Scene 4	Ending	① You are welcome. ② Thank you for your visiting indeed.

根据上面表格，我们发现［bank］脚本和［shop］脚本中有许多类似的语言成分。如第一场景和最后场景使用了同样的表达。第二场景主要是了解相关信息，在这一场景中可以使用同样的句型，例如："Can you tell …?""Please tell me. …"但是它们之间也有许多不同之处。如果对话发生在商店，导游和服务员会采取各种说话方式引起游客对商品的兴趣。如果对话发生在银行，服务员会提供一些关于储蓄和外币交换等方面的知识引起游客对银行交接的兴趣。第三部分区别性比较大，是会话的关键，这一部分掌握一些特征句型非常重要。

第二节 认知与景点段落①

旅游英语属于专门用途英语（English for Specific Purpose）的一个分支，它有其特征和规律。旅游景点语篇段落的构建也是如此。我们在认知语言学理论的指导下，运用意象图式分析旅游英语景点语篇段落，并抽象出一组段落建构模式，使抽象的语段表达通过模式具体化、条理化，使学生能在理解中学习，避免机械地模仿，具有好的推广和应用前景。

一、意象图式与段落

认知语言学家认为，意象图式是对事物之间基本关系的认知基础上所构成的认知结构，是反复出现的对知识的组织形式，是理解和认知更复杂概念的基本结构，人的经验和知识是建立在这些基本结构和关系之上的。（赵艳芳，2004：68）意象图式是存在于我们的感知和身体运作程序中一种反复出现的动态模式，它使得我们的身体经验具有了结构和连贯性（蓝纯，2005：58）。Lakoff（1987）总结了多种意象图式：部分—整体图式，连接图式，中心—边缘图式，起点—路径—目标图式，上—下图式，前—后图式，线性顺序图式等。人最初的经验就是空间经验，基本的意象图式就是一些空间图式。意象图式可以通过隐喻投射用于其他的认知活动。（赵艳芳，2004：69）

二、景点段落构建模式

在旅游过程中，旅游景点是导游和游客谈论的主要对象。不同的景点有不同的形状，同一景点因观察角度的不同显示的形状不同。旅游中的人

---

① 本节改自作者发表的论文《意象图式与旅游景点段落构建及其教学启示》中的"景点段落构建"部分，载于2006年11月《四川教育学院学报》。

物是动态的,景点因人物的活动不断地突显自己的不同区域。语篇段落的构建与空间位置、时间先后密切相关。而基本的意象图式都涉及空间结构,凡是涉及形状、移动、空间关系的知识都是意象图式模式储存的。在语言表达中,简单的范畴可能只涉及一两种模式,但复杂范畴可能涉及多种认知模式。(赵艳芳,2004:73)由此可预计旅游段落扩建与基本的意象图式密不可分。通过分析,我们主要总结了六种段落扩展模式。

(一)辐射式扩展模式

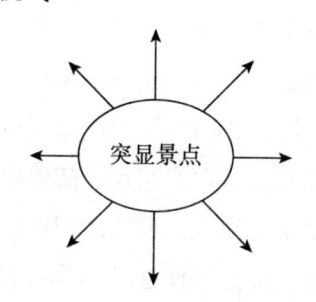

图 5-1 辐射式扩展模式

这一扩展模式涉及几种认知模式。即前—后图式,上—下图式,左—右图式等。同时由于西方人和东方人地理位置的差异,生活经验相应出现差异,造成东方人强调东,西方人强调西的图式模式。如东方人习惯用东—西图式,南—北图式;西方人则习惯用西—东图式,北—南图式。例如:

The Palace is seated in the heart of Beijing. In front (A) of it is Gate of Tian'anmen, at the back (B) is the Scenery Hill, to the east (C) is St. Wangfujing, and to the west (D) is Zhongnanhai. Golden, majestic, and the most intact in China and in the world, it symmetrically follows a north – south (E) axis, very planned and mighty, and is a splendid carrier of China's long tradition as well as a spokesman of Chinese architecture over 500 years ago. (罗蔚宣,2004:17)

这个段落从(A)(B)(C)(D)四个方位描述故宫,符合人们常规体验所形成的意象图式模式。(E)符合异域特定意象图式模式。

(二) 链条式扩展模式

起点 ⟶ 站点 ⟶ 终点

图5-2 链条式扩展模式

这一扩展模式符合"起点—路径—目标图式"认知模式。根据身体经验，我们每一次行动都会有一个始发点和一个终点，我们朝终点运行，沿途经过许多站点，目标一样，方向一样，但路径可变化。景点的形成和发展过程也是一样，它的开始就是它的起点，随着时间的推移，每一次大的改变所形成的状态就是中途的站点；最后达到的状态为终点。在旅游英语段落表达中，主要有两种情况：一种是以游览过程中中途景点为站点，另一种是以旅游景点形成过程中中途选定时刻所处的状态为站点。

1. 按照游览路径——介绍景点特征。例如：

The statue of Liberty is very big. Visitors can ride an elevator from the ground (A) to the bottom (B) of the statue. If they want to, they can then walk up the 168 steps to reach the head (C) of the statue where they can look around and enjoy the beautiful sight of the city of New York. (唐年青，陈恒仕，向晓，2006：20)

A→B→C 经历了 the ground→the bottom→ the head 一个站点两个阶段。站点是"the bottom"；起点是"the ground"；终点是"the head"。这条路径是一条纵向路径。

Please walk along the winding corridor leading to the No. 2 exhibition hall (A) —Dafeng Hall and other exhibition halls. Afterwards, you may have a break in the quiet and elegant west yard (B). The style and layout of the west yard harmonizes perfectly with that of the east Yard. Here you can see the green trees and red flowers. We'll meet there at 4:00 pm, and then we'll go down the hill（C）together.（朱华，2008：136）

A→B→C 经历了 the No. 2 exhibition hall→west yard→ the hill。两个站点三个阶段。起点没提到，两个站点分别是"the No. 2 exhibition hall""west yar"，终点是"the hill"。这条路径是一条水平路径。

2. 按时间的先后顺序介绍景点在各个特定时期的特定状态。例如：

Though there is an evidence of human settlement in this area since around 4000 B. C.（A），Shanghai began as Huating County, an administrative district set up in 751 A. D.（B）. It was a small, walled town based on fishing and river trade. The county, situated in an area known today as Songjiang District, had its boundary reaching today's Hongkou District. In 991 A. D.（C），Shanghai Town was established in the county. In 1292（D），the then central government of the Yuan Dynasty approved the establishment of Shanghai County in this area, which has been acclaimed as the official beginning of the city of Shanghai.（何志范，2004：4）

上段示例中"4000 B. C. → 751 A. D. →991 A. D. →1292"经历了 human settlement→ Huating County→Shanghai Town→ Shanghai County（the beginning of Shanghai City）三个阶段，两个站点。起点是"human settlement"，终点是"Shanghai County（the beginning of Shanghai City）"。这里的顺序用数量词作为时间的标记。我们也可以用逻辑词作为时间的标记。例如：

First of all, I'd like to tell you our travel schedule today. The first scenicspotwe'll see is the elegant Carefree Valley, and then we'll walk along the most extraordinary bamboo corridor in the world —the Jade Corridor. After that, we'll visit Xianyu Cave and Tianbao Village. Last but not the least, we'll enjoy two elegant lakes — the Dragon Pool and the Qinglong Lake.（朱华，2008：147）

上段示例，用了几个典型的逻辑词（First of all，then，after that and Last but not the least）表示旅行过程中导游对游客的行程安排。

(三) 平行式扩展模式

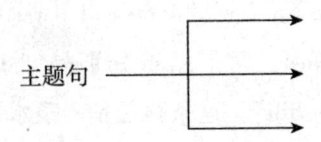

```
主题句 ────┬────►
          ├────►
          └────►
```

图 5-3　平行式扩展模式

这一扩展模式涉及部分—整体图式。根据人类的经验，部分和整体的关系应该有两类：一类是整体由多个部分组成，其中的部分是独立的个体，能独立存在，如一个小家庭由丈夫、妻子和孩子组成，这里部分是独立的个体，但又存在婚姻、血缘的联系。另一类是部分依赖于整体，没有整体就没有部分，部分不能离开整体而存在，整体没有部分就不完整，如人本身是由部分组成的整体。平行式扩展模式涉及的部分—整体图式属于第一类，主要用于对同一景区中多个实体的平等介绍，如多个景点的介绍，奇珍异品介绍等：

Suzhou (W), known as the home of gardens, displays the most and best traditional private gardens in China. Among them, the Pavilion of the Surging Waves (A) is known for its rustic charm, Lion Grove (B) for its strange rockeries, the Humble Administrator's Garden (C) for its tranquil waters and elegant buildings, and the Garden for Lingering (D) for its ancient architectural art and arrangement of hills, waters and plants. They are the examples of the garden styles of the Song, Yuan, Ming and Qing dynasties respectively. (朱华，赖宇红，2004：95)

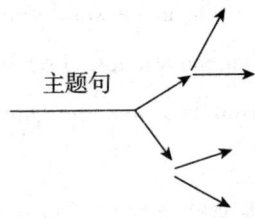

```
          ╱────►
主题句 ───┼────►
          ╲────►
           ╲───►
```

图 5-4　发散式扩展模式

苏州属于整体，沧浪亭、狮子林、拙政园是其中的名园，属于组成部分，它们能独立存在；而且它们地位相当，所以采取了平行介绍的方式。

（四）发散式扩展模式

这一扩展模式涉及多个认知模式：部分—整体图式模式和上—下图式模式。这里的部分和整体关系属于（三）中的第二类，其中的部分还可由更小的部分组成，扩展方式同样符合部分—整体图式模式。这种段落扩展常常按上位范畴→下位范畴的顺序逐步展开。例如：

The Forbidden City (W) consists of 2 parts: Outer Court (A) and Inner Court (B). The former consists of three main halls: the Hall of Supreme Harmony (A_1), the Hall of Complete Harmony (A_2), and the Hall of Preserving Harmony (A_3), The Hall of Literary Glory and the Hall of Military Prowess (A_{else}) stand beside them. In the main halls the emperors held court sessions or ceremonies. The Inner Court includes the Palace of Heavenly Purity (B_1), the Hall of Union (B_2) and the Palace of Earthly Tranquility (B_3), the East and West Six Halls (B_4) and the Imperial Garden (B_5). The inner Court is not only the residential area of the emperor and their families but also a place where the emperors deal with routine state affairs, study and play with their families. （唐年青，陈恒仕，向晓，2006：20）

上例可分解如下：

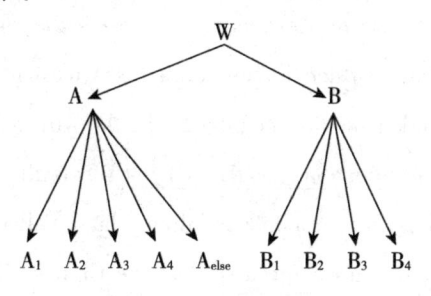

图 5-5　示例分析图解

W 是整体，包括 A、B 两部分。A 又包括 A_1、A_2、A_3、A_4、A_{else} 等部

分；B又包括B_1、B_2、B_3、B_4等部分。从另一角度分析，[W]是上位范畴，它包括[A]、[B]两个次上位范畴；[A]包括[A_1]、[A_2]、[A_3]、[A_4]、[A_{else}]等基本层次范畴；[B]包括[B_1]、[B_2]、[B_3]、[B_4]等基本层次范畴。如果段落需要继续扩展，范畴可以继续切分。

（五）外延式突显模式

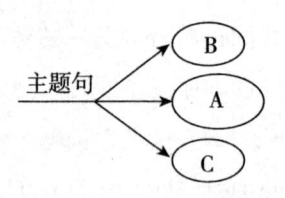

图5-6 外延式突显模式

在图5-6中，A为中心体（突显对象），B、C为边缘体。此模式符合中心—边缘图式认知模式。根据身体的经验，人体本身就有中心（躯干和内脏器官）和边缘（手指、脚趾、头发等）。中心是重要的，边缘是不重要的。在景点区域有些景点是重要的，有些起一种陪衬的作用，这时段落的扩展可采用这一模式。例如：

The most famous building in Tibet is <u>the Potala Palace（布达拉宫）</u>（A）. It is the former residence of the Dala Lama and used to be the center of all the Tibetan theocracy's religious and political activities. With an area of 130,000 square meters and a length of 360 meters, it covers the south wall of Maburishan, the Red Mountain, which is consecrated to Guanyin. Nine kings and ten Dalai Lamas have resided on this mountain. In the 4th century, King Songzan Ganbu had <u>a type of fortification（防御工事）</u>（B）built which was said to resemble a sleeping elephant. Another building, later called <u>the "Red Palace"（红宫）</u>（C），was added upon the arrival of the Chinese princess Wen Cheng. （姚保荣，2005：219）

根据本段的表达，"布达拉宫"是该区域最有价值的建筑物，所以扩展句最多。然后为了衬托它的完美，又简单介绍了"防御工事"和"红宫"。

（六）内嵌式突显模式

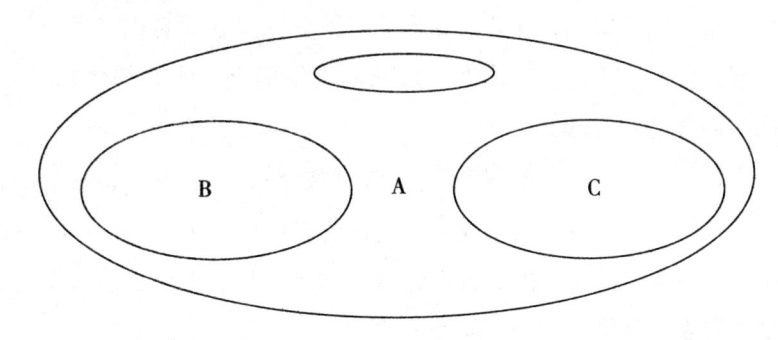

图 5-7　内嵌式突显模式

内嵌扩展突显模式牵涉到容器图式、部分—整体图式和中心边缘图式。在图 5-7 中，我们可以把 A 部分当作一个大的容器，它包括 B 和 C。同时，如果 A 代表整体，B 和 C 是整体中的突显部分，属于中心成分；而剩余的部分是不突显的，属于边缘成分。例如：

Chengde (A) is one of China's ten leading scenic spots and the world's extant largest imperial garden where emperors of the Qing Dynasty (1644—1911) used to spend their summer vacations and engaged in political affairs. Encompassing 4,452 square kilometers and a population of over 800,000 and encircled by mountains and with brooks and streams running through the city, Chengde has beautiful scenery and a pleasant climate. It is here that the austere, elegant "Chende Mountain Summer Resort" （承德避暑山庄） also known in the West as the Mountain Hamlet to Flee the Heat (B), the magnificent "Eight Temples Beyond the Great Wall" （外八庙） (C) and the strange hills and crags combine to make Chengde a city of scenic and historical interest with a special and rational layout, as well as a world-renowned bustling tourist attraction. （朱歧新，2005：508—509）

在上面的例子中，我们可以把"Chengde（A）"当作一个容器，在这个"容器"中有许多景点，例如承德避暑山庄、外八庙以及奇山、怪石等。其中承德避暑山庄、外八庙在段落中受到突显，而奇山、怪石等一笔带过。在旅游英语段落的构建中应该强调重要部分（中心部分），但不要忘记次要部分（边缘部分）。

总之，语言组织要求条理清楚，才能使听话者意思明了，导游语言更是如此。在长期的语言表达实践中，段落的表达已经形成了一些有序的知识结构。在段落构建中，主张去探讨这些知识结构，抽象出一些模式，使抽象的语言表达具体化。

第三节　认知与景点语篇[①]

一、图式理论

图式（Schema）的提法最早见于哲学家、心理学家康德的著作（朱炜，2005：98）。他认为大脑中存在纯概念的东西，图式是连接概念和感知对象的纽带。Bartlett（1932）在其《记忆》一书中对图式进行了描述："图式是对过去经验的积极组织。"随着人工智能科学对心理学的影响，Anderson 等人把图式理论作为认识论的一部分进行了研究，他们指出："图式是信息在长期记忆中的储存方式之一，是围绕一个共同题目或主题组成的大型结构。"（赵艳芳，2000：55）

根据前人的研究，图式是一种记忆结构，是一种有层次的知识网络。图式使人的认识受先前经验的影响，人们在接触或认识新事物时，取决于头脑中已经存在的图式。图式总是会把新事物与相关的已知事物联系起

---

① 本节改自作者发表的论文《图式理论与旅游英语景点语篇构建》，载于 2008 年 6 月《黄山学院学报》。

来,通过大脑的能动反映,激发出能认识和帮助认识新事物的图式,再依靠这些图式来解释、预测、组织外界信息,同时又引导人们对新旧信息进行比较、预测、鉴定和认识,利用获得的新经验形成新语境下的新图式。

二、图式理论与旅游英语景点语篇构建

旅游英语景点语篇构建中,我们主要考虑两种图式:一种是内容图式,另一种是形式图式。本书认为景点语篇的构建应该是这两种图式的完美结合。

(一)旅游景点语篇内容图式研究

具体景点语篇的内容图式既有共性,又有个性。景点语篇内容都有共同的框定范围:地理位置、占地面积、主要景点区域以及旅游价值等方面。然而,不同的景点又有不同的特征。人们根据他们的不同特征分成不同的类型。下面是旅游景点图式归类信息。

1. 旅游景点内容图式类型

我们中国有许多旅游胜地,到 2004 年 5 月止,中国 29 个项目被联合国教科文组织列入世界遗产目录。其中世界文化遗产 20 项,世界文化景观遗产 1 项,世界自然遗产 4 项,世界自然与文化双重遗产 4 项。中国 29 项世界遗产把世界遗产的所有类别都包含了进去。导游的目的就是把所在地的旅游胜地介绍给国外游客,给他们提供乐趣和文化知识。

文化遗产图式:世界文化遗产如 50 万年前的"北京人"遗址、春秋战国时期开始修筑的万里长城、明清北京故宫、天坛等,反映了中华民族灿烂悠久的文化历史。旅游景点文化实际上包括历史文化、旅游建筑文化、旅游园林文化、旅游宗教文化、旅游民俗文化、旅游娱乐文化、旅游文学艺术等。某一领域的文化背景知识激活旅游胜地描写基本图式,形成特定的文化遗产图式。

文化景观图式:庐山属于世界文化景观遗产,它可以被当作典型图式来研究。庐山是中华文明的精神源泉。佛寺、道观和儒家学院融入美丽惊

人的风景之中，无数的艺术家开发中国文化中亲近自然的审美情趣。庐山文化和庐山秀丽的风光激活人们头脑中的旅游胜地描写，基本图式可形成特定的庐山旅游景观图式。

自然遗产图式：武陵源、九寨沟、黄龙和三江并流属于世界自然遗产。它们是中国自然遗产中的精华。大自然的美感主要体现在以下几个方面：一是质美，比如奇峰怪石、飞云瀑布。二是个性美，如雁荡之奇、千山之丽。三是变化美，春夏秋冬，早晚晨昏和风晴雨露各有奇姿。语篇构建把某一区域大自然的独特之美与大脑中现有的图式相结合，就成为这一区域的自然遗产图式。

自然与文化双重遗产图式：泰山、黄山、峨眉山—乐山大佛和武夷山属于世界自然与文化双重遗产。泰山是我国著名的历史文化名山，被视为中华民族精神的象征。黄山与黄河、长江、长城齐名，成为中华民族的又一象征，这里自然景观与人为景观俱佳。在四川省景色秀丽的峨眉山山巅上，落成了中国第一座佛家寺院，在这里最著名的是乐山大佛。武夷山是当今世界最优秀的亚热带林区，它拥有一系列的考古遗址和遗迹。特定的文化、特定的自然美，激活基本图式在大脑中形成自然与文化双重遗产图式。

2. 旅游英语景点语篇构建范例

我们以武陵源为例，构建景点语篇内容图式。首先，让学生了解武陵源的一些背景知识。武陵源是中国自然遗产的精华。它位于湖南省西北部。方圆369平方公里，拥有300多处景点，以奇峰、怪石、幽谷、秀水、溶洞"五绝"闻名于世。此外，武陵源拥有为数众多的濒危动植物。1992年12月，武陵源被联合国教科文组织作为自然遗产列入世界遗产名录。2002年2月，湖南张家界地质公园被联合国教科文组织列入世界地质公园名单。以上信息可以激活景点语篇内容图式，涉及内容可描述如下：

① Location：Wulingyuan is located in the northwest corner of Hunan Province, next to Cili County in the east, Yongding District of Zhangjiajie City in the south, and Sangzhi County in the northwest. （罗蔚宣，2004：207.）

② Area: The total area amounts to 369km².

③ Scenic spots: There are more than 300 scenic spots with five wonders of spectacular peaks, grotesque rocks, secluded ravines, graceful waters, and limestone caves.

④ Travel value: In December of 1992, UNESCO inscribed it on World Heritage List as a natural heritage. In February of 2004, Zhangjiajie National Geopark was approved by UNESCO as a site of the World Geological Parks on its list of World Network of Geoparks.

在教学中可以要求学生模拟上面语篇内容，描写同类语篇。下面是一位学生模拟上面示例对黄山景区的描述。

① Location: Mt. Huangshan is Located in the southern part of Anhui Province.

② Area: The total area amounts to 1,200km², and the central scenic zones cover 154km².

③ Scenic spots: 72 strangely shaped peaks such as Celestial Capital Peak, Lotus Peak and Brightness Apex.

④ Travel value: In December of 1990, UNESCO included Mt Huangshan on their World Heritage List as a property of the world. In February of 2004, Mt Huangshan National Geological Parks on its list of World Network of Geoparks.

根据上面的描述，这位学生已经基本掌握了景点内容涉及的范围，然而，对旅游景点归类信息了解不够。武陵源是自然遗产，而黄山属于世界自然与文化双重遗产。通过提示，这位学生又增加了自然文化双重遗产的特色内容，如下：

⑤ Culture: Since the prime of Tang Dynasty to the later years of Qing Dynasty, roughly about several hundreds pieces of prose and over 20,000 poems are composed on the topic of Mt Huangshang.

⑥ Natural features: four wonders of strange pines, grotesque rocks, cloud seas, and hot springs.

从上面六点介绍，这位学生还没有把自然特征和文化特征融合起来。后来他又进行了修改，把⑤⑥要点补充到③④要点之中，比前面的表达又进了一步。下面的说明部分中画线部分是补充的内容：

① Location: Mt. Huangshan is Located in the southern part of Anhui Province.

② Area: The total area amounts to 1,200km^2, and the central scenic zones cover 154km^2.

③ Scenic spots: 72 strangely shaped peaks such as Celestial Capital Peak, Lotus Peak and Brightness Apex, <u>and four wonders of strange pines, grotesque rocks, cloud seas, and hot springs. Moreover, since the prime of Tang Dynasty to the later years of Qing Dynasty, roughly about several hundreds pieces of prose and over 20,000 poems are composed on the topic of Mt Huangshang.</u>

④ Travel value: In December of 1990, UNESCO included Mt Huangshan on their World Heritage List as a property of the world, <u>for both its natural and cultural values.</u> In February of 2004, Mt Huangshan National Geological Parks on its list of World Network of Geoparks.

综上所述，景点内容的表达是否全面，内容是否丰富，不仅取决于头脑中现有的图式，还取决于对具体景点背景信息的综合了解。只有丰富的专门知识才能有效激活相适应的内容图式或在原有基础上形成新的图式。

（二）旅游景点语篇形式图式研究

根据我们头脑中已经储存的普通英语语篇图式可知，语篇是有序的整体，它总是按照一定的顺序组织构建的。我们认为旅游英语语篇的形式图式构建主要与时间顺序、空间顺序、主次顺序等与人类经验密切相关的认知顺序相符合。

Example 1

Shanghai is the fifth largest city in the world. Six thousand years ago, humans had settled here, but it was not until 751 that it received its present name, with its sophistication and grandeur earning it the appellation "Paris of the Orient" in the 20th century. Today, Shanghai is China's leading center of commerce, finance, information, culture and science and technology; to overseas and domestic visitors, it is most likely a shoppers' paradise. （朱歧新，2005：518.）

范例1语篇的组织是按照时间顺序展开的。"Six thousand years ago"→"751"→"20th century"→"Today"主要介绍了四个时期的重大变化。

Example 2

Los Angeles, America's second largest city after New York, sprawls along the Pacific coast of southern California。To the northeast is Pasadena; to the west and northwest are Hollywood, Beverly Hills and Century City, as well as the wide San Fernando Valley; to the south is Long Beach and along the west coast are Santa Monica and Venice Beach. （谢艳明等，2005：95）

范例2语篇的组织是按照空间顺序展开的。首先利用方位词给洛杉矶初步定位，然后根据周围景物空间方位再给洛杉矶更加具体的定位。这样语篇组织比较严密，条理比较清楚。

第四节 小结

本章利用脚本理论阐释情景会话的构建，发现情景会话总是按照类似的程序来组织，每一个情景中的语言表达都有框定的范围，而会话的句型一般从框定的范围中进行挑选，所以同一类型的情景会话含有许多固定的成分，显示出静态性。然而语言的选择又体现身份特征，显示出动态性；不同类型的情景会话也经常包含一些类似的语言成分，而这些语言成分常常存在于日常语境中以及使用频率特高的语言中，这些规律都有助于情景会话的组织和构建。

然后利用意象图式阐释段落扩展的逻辑理据，发现由于旅游景点语篇与空间结构密切相关，这些从经验基础上抽象出来的意象图式与段落的扩展也直接相关。意象图式对段落的形成和扩展起了关键性的作用，在语言应用中有意识地进行意象图式理论导入，可以避免机械的模仿。段落扩展的基础是人类的身心体验，身心体验又是意象图式形成的基础。认知语言学家认为，语言是建立在人的生理、物质世界和认知能力之上的（赵艳芳，2001：Ⅳ）。每一种意象图式都有一定的生理基础。在段落的建构中，只有联系人的身体基础，才能使学生真正理解意象图式的真正含义，才能把理论真正用于实践。

最后利用图式理论分析景点语篇，发现内容图式都有共同的框定范围，但又有各自的特征。景点分类信息是激活景点特征语篇内容图式的必要条件。景点语篇形式图式是有序的知识网络，它符合人类认知的顺序。旅游专业知识决定语篇生成的实际效果。旅游景点语篇的构建过程是头脑中原有图式的激活，旅游语境中新图式的产生以及具体旅游语篇生成的过程。往往原有图式越丰富，旅游专业知识越多，旅游语篇的生成越容易。因此，在教学过程中，要注意学习者语篇知识的积累，加强旅游专业知识的学习，帮助学习者形成丰富的旅游语篇图式，为语篇的生成提供充分的条件。

我们认为，意象图式、脚本理论、图式理论为语言的理解、组织和构建提供了理想的结构框架，为旅游英语语言的有序表达提供了条件，预计认知语言学理论在语篇研究和语篇应用方面有更广阔的前景。

第六章

语　境

胡壮麟（1994）在 Halliday 的语境框架模式的基础上把语境归为三大类：（1）语言语境，（2）情景语境，（3）文化语境。（刘辰诞，2001：86）语言语境的研究比较多，旅游英语和普通英语在语言语境中的表现差异不大，因此不再重复。我们将针对旅游英语的特殊性，对情景语境和文化语境中的语言现象进行认知阐释。此外，在旅游英语表达中，语境知识和认知因素往往相互作用，形成认知语境，使旅游英语的表达方式非常灵活。因此，我们将在情景语境和文化语境的基础上，再从认知语境的视角，进一步阐述旅游英语语言现象。

第一节　旅游英语中的情景语境[①]

本节主要探讨旅游英语中的情景意义。情景（situation）即语言产生时的周围情况、事件的性质、参与者的关系、时间、地点、方式等，这是一个动态语境。情景语境即句子表达时周围的情况、事件的性质、参与者的关系、时间、地点、方式等；情景意义是话语和发生话语的情景之间的关系。它是我们根据语境和经验当场把各种特征组合而成的一种图像模式。

[①] 本节改自作者发表的论文《论旅游英语中的情景意义和文化模式》中的"意义与情景的关系"部分，载于 2006 年 6 月《外语教学》。

一、新情景下的语言意义

词义扩展受到人类经验和认识 事物规律的影响。随着旅游业的发展，出现了许多新的旅游机构和旅游业务。在新的情景下，导致了一些普通词汇出现旅游词义。旅游词义主要有两种获得方式。

（一）链条式演变

随着时间的推移和情景的变化，词义从原型义（基本义）到引申义出现链条式演变趋势。

示例：agency n.

（1）力量，（能动）作用：through human agency 由人力所致

（2）媒介，代理：the sole agency 独家代理

（3）机构：Travel agency 旅行社

分析：（1）→（2）→（3）这里词义扩展呈现由抽象到具体的变化趋势。词义的扩展和引申，因特定的使用语境而生成，并且扩展和引申的词义将适应特定的使用语境。如"Agency"，因商品交换等方面活动的出现，代理、媒介等词义也相应出现。同样，由于一些很有影响的中介社团的出现（新闻社、旅行社等），引申出"机构"这一新的含义。

（二）辐射式演变

这种演变包括同类词汇词义演变和跨类词汇词义演变。

（1）一词多义

由于旅游情境的出现，一些通用英语词义演变出一些有关旅游方面的专门义。如果该意义涉及旅游的各个方面，这个专门义就会成为次原型，以辐射方式同时演变出几个新的引申义。这种演变属于同类词汇词义演变。

示例：air n.

基本义：飞机

引申义：机场、空运、航空、飞行等

分析:"飞机"同时与多个旅游语境相连(停机场地、运输方式、交通路线、交通方式等),于是它辐射式引申出多个意义。

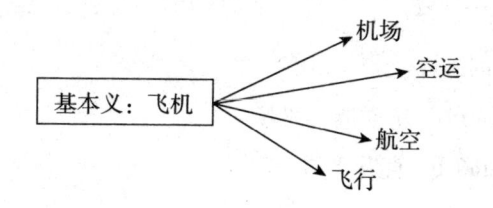

```
                      → 机场
                      → 空运
基本义:飞机   
                      → 航空
                      → 飞行
```

图6-1　一词多义范例

(2)"核心词 + 词缀"产生多义

这里的核心词属于旅游情景中出现频率最高的中心词汇,它与词缀组合出现多种意义。这种演变主要属于跨类词汇词义演变。

示例:travel v. & n.

基本义:旅行

引申义:traveler n. 旅行者,旅客

　　　　traveled a. 富有旅行经验的

　　　　traveling a. 旅行的,旅行用的

　　　　travelogue n. 旅行见闻讲座,旅行纪录片

```
                          → traveler
基本义:旅行                → traveled
travel v. & n.
                          → traveling
                          → travelogue
```

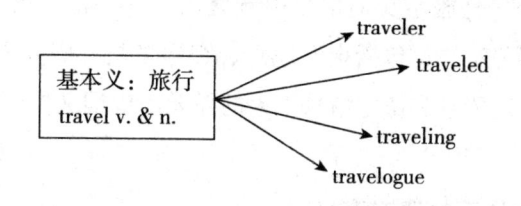

图6-2　"核心词 + 词缀"产生多义范例

分析:利用词缀变化,通过核心词与词缀的组合构成新词,表达旅行主体对象,旅行性质以及相关联的事物等。

(3)"核心词 + 突显词"产生多义

这里的核心词同上，它与特定情景中的突显词汇合成，出现多种意义。这种演变主要属于同类词汇词义演变。

示例：air n.

基本义：飞机

引申义：airport n. 航空港，机场

aircraft n. 直升飞机

airfield n. 飞机场

air‐hostess n. 空中小姐

airline n. 航线，航空公司

airmail n. 航空信，航空邮件

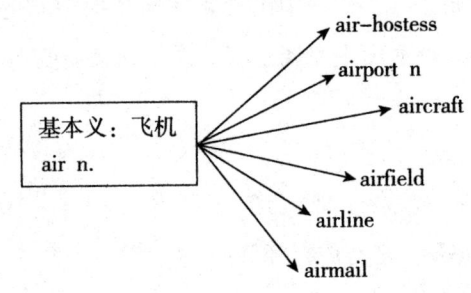

图 6-3 "核心词+突显词"产生多义范例

分析："air"是旅游交通情景中频繁出现的词汇。旅行者乘坐飞机，将牵连到各种相关对象，包括出发地点、交通工具、服务人员、旅行路径等，由于这些特定情景和特定情景因素的需要出现词义扩展。

二、不同情景下的语言意义

在一年中的除夕，人们围着火炉而坐，这是家庭团聚和感恩的时候。你会观察到一个重要的仪式，那就是用最好的菜肴来祭祖，这种宴会称为"surrounding the stove"或"weilu"。在冬天，人们经常围着火炉而坐，但现在这种特殊的氛围中却被赋予了特殊的意义，即"家庭团聚""缅怀过去"和"展望未来"等意义。

三、同一情景下的语言意义

同一情景下语言表达意义对不同的人或团体往往呈现出不同的意义。同样是出去旅游,但不同的社会团体旅游的目的不同。例如:出版社组织教师去旅游,称为"文化考察";学校组织学生去参观孔子的故乡,称为"历史文化旅游";组织病人去旅游景点游玩,称为"治疗旅游"。

第二节 旅游英语中的文化语境

本节主要探讨旅游英语在不同文化语境下的语言意义。文化语境即说话人或作者所在的语言社团的历史、文化和风俗人情。导游和游客本身的对话也在随着各自的思路、文化素养等不断地改变着对话的情景,使用中的语言必须不断地适应使用中的情景和文化,游客的反映左右着导游者的表达,导游必须根据游客所具有的文化的、心理的、社会的特定情景,选择游客最容易理解、接受的语言表达方式来灵活编排说话内容,以便达到最佳沟通。下面主要从语义和形式两方面探讨文化对旅游英语表达的影响。

一、文化差异在词汇中的体现

(一)词义[①]

1. 同词义异

由于文化的差异,同一词在东西方人之间出现不同的意义。"龙"在中国是褒义,但在西方是贬义。在中国,"狗"与"狗腿子""走狗"等贬义词联系在一起;在西方,"狗"是最忠于主人的动物,它的引申意

---

① 本部分改自作者发表的论文《论旅游英语中的情景意义和文化模式》中的"词义与文化、文化模式的关系"部分内容,载于 2006 年 6 月《外语教学》。

属于褒义。

有些词拼写和发音都一样,但由于文化的差异,词义不同。例如,英式英语中的单词 boot, lift 和 biscuit 转变成意义等同的美式英语是 car trunk, elevator 和 cookie。

2. 同义词异

由于文化的差异,同一情景意义在东西方人之间所用的词汇有时不同。如下面的比较:

表6-1 东西方同义词异比较表

意思	词汇比较	
	东方人	西方人
喜庆	红色	white
有害电影	黄色电影	Blue film
嫉妒	红眼病	Green/ Pink eye
美人	杨贵妃	Oriental Helen
火神	祝融	Oriental Prometheus
情侣	刘三姐与阿牛哥	Oriental Romeo and Julie
	梁山伯与祝英台	
九寨沟	人间仙境	fairyland
遗址	石棚	Oriental Stonehenge
塔	舍利塔	Oriental Inclined Pagoda
山	四姑娘山	Oriental Alps
节日	春节	Oriental New Year's Day
	七夕节	Oriental Valentine's Day
	重阳节	Old Men Festival
餐具	筷子	Knife and fork

(二) 词汇形式①

1. 同一景点汉英表达词的数目悬殊

英语单词的数目多于汉语。中国建筑类型与西方建筑类型风格有所不同，中国建筑类型彼此也难以区别。榭、斋、馆在英语里找不到对应的词汇，出现英语词的空缺，人们通常通过借用词与词的组合来填补空缺词。于是出现汉英表达词的数目悬殊的现象。例如：榭是一面靠水一面着陆的建筑物，常用"water–sided pavilion"代替；斋是一种幽静的能用来修身养性的房子，常用"study, chamber or room"代替；馆是成组的供游宴或起居的建筑，常用"hotel or house"代替。汉语单词的数目多于英语。这种词汇常常属于外来词汇。例如：清真寺 mosque，舍利塔 stupa。

2. 景点词汇表达方式呈现多样性

（1）汉语词汇表达方式少于英语，如山：hill, mountain；岩，石：crag, rock, stone。

（2）英语词汇表达方式少于汉语，如祠，堂，馆，厅，殿：hall；池，塘，潭，pool, pond。

（3）汉英词汇表达方式对等，如崖，矶：cliff, rock

（三）景点术语

在中国，许多景点被赋予美丽的名字，隐藏着许多动人的故事。为了让西方人了解东方文化，英语常用比较长的术语给景点取名，以便西方人了解中国文化。例如：

（1）断桥残雪 Remnant Snow on the Broken Bridge

（2）雷峰夕照 Evening View of Lei Feng Pagoda

（3）曲院风荷 Breeze–ruffled Lotus at Quyuan

（4）平湖秋月 Calm Lake Reflecting the Autumn Moon

---

① 本部分改自作者发表的论文《旅游词语汉英文化对比》，载于 2007 年 2 月《牡丹江大学学报》。

（四）佛经术语汉英对比

佛经术语文化差异比较大，因为他们的起源和神秘的教义要使外国游客理解比较难，在教学中有必要进行一些解释和补充说明。如：

大乘 Great Vehicle; Mahayana

小乘 Lesser Vehicle

缘起 Dependent origination

佛法 The Buddha's teachings

轮回 Cycle of rebirth

经 Collection of discourses

律 Code of monastic discipline

论 Collection of philosophical, psychological and doctrinal discussions and classification

（五）谚语/俗语汉英对比

谚语/俗语是一个社会的语言和文化的精华，往往带有浓厚的民族色彩，有些不可避免地带有民族文化和时代的烙印。甚至，同一意义往往出现不同的表达方式。

汉语：杀鸡取卵

英语：Kill the goose that lays the golden eggs.

汉语：一箭双雕

英语：Kill two birds with one stone.

汉语：不要打草惊蛇

英语：Let sleeping dogs lie.

汉语：爱屋及乌

英语：Love me and love my dog.

汉语：说到曹操，曹操就到

英语：Talk of the devil and he will appear.

汉语：龙配龙，凤配凤

英语：Let beggars match with beggars.

汉语：无风不起浪

英语：No smoke without fire.

汉语：宁为鸡首，毋为牛后

英语：Better be the head of an ass than the tail of a horse.

汉语：上梁不正，下梁歪

英语：Fish begins to stink at the head.

二、文化差异在句子中的体现①

西方人崇尚直率，而中国人则迂回婉转。这些差异体现在句型结构、句子成分、排列顺序以及语言表达技巧等各个方面。

（一）句型结构

东西文化的差异表现在句型结构上。英语句子绝大多数句型结构是 SV 或 SVO 形式，而汉语句子符合 SV 形式的不及一半。可见英语具有严谨而自然的形式组织机构，而汉语句子的结构具有松散、长短不定、疏而不乱的特点。

（二）句子成分排列顺序

在句子表达中，西方人总是喜欢把关键性的词放在前面，修饰语放在后面，特别是修饰语比较长时，如分词短语、定语从句作定语时总是写在被修饰词的后面。但用中文表达句子时，修饰语常放在被修饰词的前面。例如：

英语：You'll easily find us. Just look for the house whose windows need washing and whose fence still needs repairing! （定语从句放在名词后面）

中文：只要你寻找那栋窗户不洁净、篱笆破烂的房子，你就会很容易

---

① 本部分改自作者发表的论文《从认知的角度研究外语教学中的文化导入》关于句子的部分内容，载于 2006 年 7 月《中国教育导刊》。

找到我们。(修饰语放在名词前面)(向晓,1999)

(三)语言表达方式

东西文化的差异也表现在语言方式上,中国人在对待别人的赞扬时常表现得过分谦虚,故意"否认"对方的赞誉。相比之下,英语的习惯是认同并致谢而并不认为这样说有失得体。中国人还有自贬的习惯,许多谦辞如敝人、拙笔、拜读、献丑、薄礼、寒舍等不易译成英语。另一方面,中国人在赞扬别人时毫不吝啬,故意夸大其词,常用大作、光临、明断、慧眼、海涵、贵手、府上等。这些谦辞和恭维若用英语说出,会令西方人认为是华而不实,有虚伪和邀宠之嫌。中国人在接受别人邀请宴时总要推辞一番,即使心里同意也要再三推辞,用"I think..." "Maybe...",含糊其词,令直率的西方人难以琢磨。东西方文化差异还表现在餐桌礼仪上,好客的中国人往往百般劝酒劝食。在西方,劝酒的话不多,也不喜欢劝吃,至多说一句:This is really good. Please taste it.

三、文化差异在语篇中的体现①

话题的选择、语篇的组织、衔接与连贯等在东西语言上都有所不同。话题的内容是一个民族文化习俗的体现,有的打下了历史的烙印;有的反映了一个民族处理事情的性格与态度。在语篇的组织上,中国人曲径通幽,西方人喜欢开门见山;中国人语言表达委婉含蓄,西方人大部分表达直接明了。

(一)话题的选择

英国人常常喜欢谈论天气。一方面是因为英国的气候多变,另一方面是因为英国人不愿意和不是朋友的人谈论私事或敏感话题,英国人比较保守。当你遇到一个人不知道怎样开始话题时,你可以这样说:"It is a nice day, isn't it?""It looks like rain"等话开始话题。

---

① 本部分改自作者发表的论文《从认知的角度研究外语教学中的文化导入》语篇部分,载于2006年7月《中国教育导刊》。

美国人与英国人有些不同，可能会直接问及个人的隐私。当你结识一个美国人时，他可能这样开始话题："Where do you work？""Are you married？"等。他这样开头是为了更好地了解你以便进一步交往。他们的语言有直接、随意的特点。

中国人开始话题，常常是以这样的句子开头："你吃饭了吗？""你干什么去？"等。这样开头似乎成了习惯。衣食住行是一个人生存的基本保证，"民以食为天，问寒问暖，关心他人"成了中国人长期以来形成的优良传统。

（二）语篇的组织

英语语篇组织的基本形式是从主题句开始，以链条式或辐射式扩展，在结尾处收缩的模式，在实际的语篇中，两种形式常常交替使用。

1. 链条式模式

常用于解释和推理，各个环节层层递进。在递进的过程中，后面的句子常常支撑前面的句子。

主题句 →扩展句1 → 扩展句2 → 扩展句3… →结句

如：

Prepare to Read

It's important to prepare yourself to read（A）. Much time can be lost when you try plunk yourself into reading an assigned chapter when your mind isn't ready（B）. Because you can think faster than you can read, your mind can easily go into daydreams or other thoughts if you aren't ready to read an assignment（C）. The wisest thing to do is to skim over the chapter to be read. Let the title sink in. Read an opening paragraph or two to see what the chapter is about. Then read headings and subheadings. Next read the summary or the last couple of paragraphs（D）. It may not make a lot of sense, but your mind will begin to clear out other thoughts（E）. You'll begin to think about the content of the chapter（F）. If there are study questions at the end of the chapter, read those（G）. Having questions about what you are reading helps concentration and gives you a purpose for reading (H). (向前进, 2002)

分析：A 句是主题句；B 句是扩展句，也是 A 句的理由；C 句也是扩展句，是 B 句的理由；D 句是解决 C 句问题的方案；E 句是 D 句的结果；F 句和 G 句是进一步的做法；H 是结句。

2. 辐射式模式

常用于描写、分类等方面。

```
              扩展句…
主题句 <               > 结句
              扩展句…
```

图 6-4　辐射式模式

例如：

Daily jogging is one of the best exercises you can do for your body (A). It develops muscle tone and is excellent for your cardio-vascular system, ensuring that our heart and lungs are in prime condition (B). It also burns off a great many calories, preventing you from gaining unneeded weight (C). It is true that nothing beats jogging for keeping you in excellent physical, condition, no matter what your age (D). (向前进, 2002)

分析：A 句是主题句，B 句是扩展句，C 句也是扩展句，D 句是结句。其中，B 句和 C 句的关系是并列关系。

语篇英汉之间有很大的差异，可以把英语句子比作参天大树，"主题句"是它的根；"树干、树枝"是它的扩展句；"叶落归根"的"根"又是它的结句。而汉语语篇仿佛是"层层递进"的感觉。

3. 语篇语言表达技巧

西方人表达方式直接明了，语言表达喜欢"开门见山"，如主题句的位置比较稳定，常在句首，或者段落的第二句，这与西方人时间观念强相关。因为有了固定的位置，就很容易找到信息目标。而中国人喜用"拐弯抹角""曲径通幽"的表达技巧，文章有点像"闺房少女"，这与东方人的审美观念有关。

由于东西文化的差异，旅游词语汉英词义表达方式呈现多样性、同一意义词语表达数目不等；旅游术语、谚语、俗语以及含有隐喻的词语都受到各自民族文化的影响，表达方式呈现特殊性。同样，文化对句子和语篇的形式和意义也有许多影响，存在类似现象。

第三节　旅游英语中的认知语境

Sperber 和 Wilson 指出："认知语境是一个心理建构体（psychological construct），是听者关于世界假设的子集。正是这些假设，而非实际的客观世界，制约了话语的解释。"（2001：15）同时，他们指出："一个人总的认知语境是由他的认知能力和其所处的物体环境所决定。"（2001：29）他们所说的认知环境和语境，就是我们所认同的认知语境。认知语境并非凭空自生，也非交际双方大脑中所固有，而是交际者基于已有的认知图式，在对当前外部刺激的感知、整理与记忆的基础上形成的。（胡霞，2005：67）综合他们的观点，在旅游英语中的认知语境下起决定作用的因素应该是旅游目标情景、认知图式以及主体的认知能力，而认知语境的建构和整合必须由认知主体来完成。本节就是在已有研究成果的基础上，研究认知主体在特定的旅游目标情景下对认知语境的建构和整合。

一、认知语境的建构基础

旅游英语目标情景、认知图式、认知能力是旅游英语中认知语境的建构基础。其中目标情景和认知图式是认知语境的建构的客观基础，犹如电脑的硬件；认知能力是主观基础，犹如电脑的软件。情景语境即句子表达时周围的情况、事件的性质、参与者的关系、时间、地点、方式等。

（一）目标情景

目标情景是旅游活动过程中所涉及的主要语境。目标情景主要包括旅行社情景、会客情景、宾馆情景、餐饮情景、购物情景、旅途情景和景区情景。其中旅行社情景为中心情景。旅行社情景中的人员与其他情景中的人员存在业务关系，共同解决游客的衣食住行以及旅游观光等问题。

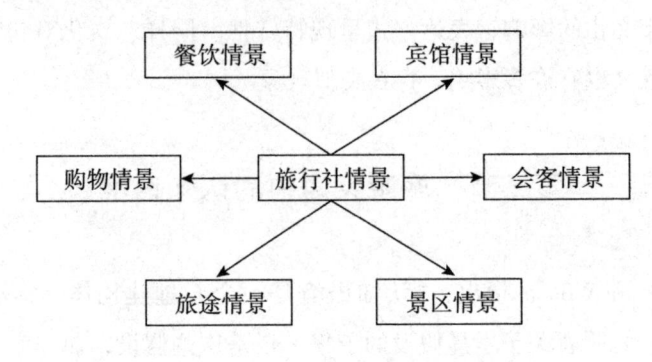

图 6-5　旅游英语目标情景示意图

（二）认知功能

认知功能是使用语言进行推理活动的功能。推理是逻辑学上思维的基本形式之一，是由已知的判断（前提）推出新判断（结论）的过程，而判断是脱离不了语言的。

（三）认知因素

认知因素（cognitive variable）可能影响学习（包括语言学习）与认知职能相关的因素。这些因素包括一般职能、语言职能、记忆以及分析和评估能力。认知因素有时和情感因素相对，情感因素也可能影响学习，它在本质上更具有感情色彩，包括如移情、语言态度、语言焦虑和动机等。

（四）认知能力

认知能力（cognitive abilities）是指人脑加工、储存和提取信息的能力，即人们对事物的构成、性能与他物的关系、发展的动力、发展方向以及基本规律的把握能力。它是人们成功地完成活动最重要的心理条件。知觉、记忆、注意、思维和想象的能力都被认为是认知能力。美国心理学家加涅（R. M. Gagne）提出三种认知能力：言语信息（回答世界是什么的问题的能力），智慧技能（回答为什么和怎么办的问题的能力），认知策略

(有意识地调节与监控自己的认知加工过程的能力)。

（五）认知过程

认知过程（cognitive process）是一个人学习语言时所用的各种心理智力活动的过程。如推论（inferencing），概括（generalization），演绎学习（deductive learning），监听（monitoring）和记忆（memorizing）等。

二、认知语境中的主要因素

（一）导游的主体因素

导游，顾名思义就是引导游客旅行游览。导游服务是指导游人员代表委派的旅行社，接待或陪同游客旅行、游览，按照合同或约定的内容和标准向游客提供相应的旅游接待服务。旅游接待服务包括导游讲解服务，旅行社生活服务，市内交通服务。在旅游接待服务工作中，导游人员最为重要，因为他的一言一行直接影响其他方面。如果游客对导游印象好，还会促进旅游产品的销售；如果印象不好，则会导致游客抱怨和不满，间接阻碍旅游产品的销路。导游的语言是跨文化交际的桥梁，导游的讲解帮助旅游者增长知识、加深阅历、获得美的享受。旅游活动的成败更多地取决于导游的服务质量，其中导游讲解的质量关系到整个旅游服务质量的高低。旅游英语语言是跨文化交际的纽带和桥梁，在相互协作、顾全大局、沟通人际关系方面起着不可估量的作用。

（二）游客的客体因素

游客是导游的服务对象，是有情感、有思想的旅游者。不同的游客在政治背景、文化习俗、年龄、身份、性别以及旅游动机和旅游目的等方面都可能存在差异。但凭千篇一律的固定模式介绍旅游景点，难以满足游客的要求，同旅游者进行接触和交流、了解游客的想法和目的，然后根据他们的想法和目的，进行有针对性、有重点的讲解非常重要。

（三）导游和游客之间的关系

旅游工作是主客双方的互动。要做好服务工作，必须充分了解主客双方心理特点和交往特性，并对语言交流的语料进行科学分析，研究语言交流的学问，实现主客交往并获得"双赢"的效果。

三、认知语境中的语言特征

（一）语言的主体身份特征

自尊、自爱是做好导游最重要的心理素质。对待游客要树立正确平等的观念，要主动热情地为游客服务，又要维护自己的主导地位。在游客面前既不能自傲，也不能自卑。自傲多发生在旅游旺季，这种情况比例不大，但影响恶劣。当导游没有职业自豪感，就会厌恶工作。要么对游客过分热情，要么由自卑转向自傲。

（二）语言的顺应性特征

顺应理论认为语言使用过程就是一个不断地进行语言选择的过程。顺应性指语言能够让其使用者从可供选择的项目中作灵活的变通，从而满足交际的需要。导游服务对象是有情感、有思想的旅游者，由于社会背景和旅游动机的不同，出游的想法和目的也不尽相同。（范黎光，2003：7）用千篇一律的固定模式介绍旅游景点，不可能满足具有不同社会背景和出游目的的旅游者的需求，顺应旅游者的个体特征和各自需求，有针对性地选择语言表达方式非常必要。

（三）语言的应变性特征

语言的应变性指语言的选择不是机械地或严格按照形式—功能关系做出决定，而是在高度灵活的原则和策略的基础上完成。现场导游情况变化多端。对同一导游的讲解，有的游客听得聚精会神，有的心不在焉，有的会提出稀奇古怪的问题。（范黎光，2003：7—8）因此，针对多元化的旅游语境，要求导游语言具有应变性特征。

四、认知语境中的应变策略

(一) 语言主权保护性策略

导游要主动热情地为游客服务,又要维护自己的主导地位。一般来说,游客希望事事如意,但实际上难以满足。此外,游客希望旅游过得轻松自在,容易出现自由散漫的现象,甚至影响旅行计划的顺利完成。这时,导游需要采取适当的策略,维护自己的主导地位。

1. 极限标准策略

表示已经尽力,再没有比这更好的服务设施或者更好的优势了。在这种情况下,旅游英语语言表达中常常使用含有最高级的语言表达形式,表示达到极限。例如:

(1) This is one of the most popular dishes in the local people.

(2) This is one of the most prosperous hotel in the city.

(3) This is the oldest temple in Hangzhou.

(4) This is the most famous local product

(陈立美,1999:97)

有时也可以用固定的标准限制参与者的行为,例如:

(5) I'm afraid I can't. Our prices are all set in this department.

(周玮、钱中丽等,2003:145)

2. 幽默提醒策略

有时由于游客一时的失误,会带来许多麻烦,因此需要再三叮嘱。为了使游客容易接受要求,导游可以尽量增加幽默感,使游客在愉悦中接受你的要求,可以用下面的表达方式。例如:

We'll soon get at the airport. I hope you won't leave anything on the bus. But don't worry if you do leave something here. I will take it to you by air. You needn't have to thank me, but you're expected to pay my flights. (陈立美,1999:97.)

3. 语言简练策略

为了加快旅游的进程，有时使用干脆、简练、利落的语言也是必要的。为了达到这个目的，可以适当使用祈使句、简短的句子，语气尽量急促，营造紧张气氛。例如：

(1) Please go quickly, or you'll miss the boat.

(2) It is already 6：30 now. Let's go.

(3) Be sure to remember to gather here at 5：30.

(二) 主体功能实现策略

1. 和谐策略

导游提出建议要委婉，不要用命令的口吻。如果想要顾客安静，对客人不要用"Be quiet." "Silence."。这种说话带有命令的口吻，让人难以接受。"Attention, please." 是一种比较有礼貌的说法。

2. 顺应策略

当顾客向导游提出要求时，只要合理，如果能够满足，尽量满足，不要有怕麻烦的心理，给人方便，也会给自己方便。导游也有需要游客谅解的时候。下面为顺应游客心理的例子（周玮、钱中丽等，2003.40）：

A：Well, I don't think I can manage with the chopsticks.

B：In that case, I ask the waiter to bring you a knife and fork.

3. 增补策略

当你不能满足顾客所提的要求时，我们可以适当优化普通服务设施，让游客感到你已经尽力了。也就是说，当你的服务达不到顾客的要求时，你可以用你的诚意和额外服务来一起弥补对顾客带来的不便。例如：

(1) I will send a repairman to fix it right away. （张军，2000：262）

(2) I'm sorry, sir. The rooms are not available now. But would you like to have your dinner in the dinning hall? I can find two tables by the window for you.

(3) I'm sorry to say we do not have any tea in this shop, but I can tell you the steeping method.

(4) I'll talk to the chef and see what he can do. （张军，2000：268）

4. 标准化策略

导游要满足每位游客的要求总是有一定的难度，因此，需要用适当的标准来限制他们过分的要求，可以制定一些标准，事先让他们有心理准备。如果游客忘记了这些条约，可以提醒他们，遵守公司规定，语言尽量委婉，避免冲突。例如：

(1) That mother seats your baby on your knees.

(2) Well, let me explain our company policy.

5. 人性化策略

通过人性化策略保证主体功能的实现。一方面要有利于旅行，另一方面要把责任缩到最小。要达到这一目的，语言尽量委婉，尽量添加一些语言成分，进行解释和说明，为游客扫清心理顾虑。如果直接说"贵重东西自己带好自己负责，大件物品放在车上"，这种语言表达带有命令的口气，让人难以接受。下面的示例比较有人性化：

(1) Make sure to take the valuables with you. Don't worry about your luggage, our coach will bring them to the place where we'll stay tonight. （朱华，2006：173）

(2) When you are leaving for the UK tonight, Mr. Smith. When you traveled in the Summer Palace, you asked to buy some souvenirs. However, we had no time to lose when we were touring in the scenic area. Now, it's time for shopping. （朱华，2006：16）

6. 推销策略

对于导游来说，希望游客多游览几个地方，多去指定销售点买东西以便多得一点回扣。对于游客来说，希望去真正有参观价值的地方。此外，有些游客喜欢买东西，但希望买到价廉物美的商品；有些游客对产品推销非常反感，但是一遇到真正的推销场面，又抵不住心中购买的欲望。下面的例子采用了顺应游客心理的策略：

(1) We have a four-day package tour to Zhangjiajie. It is parts of the mountains in the nature reserve area in Hunan province. It is worth seeing. （周

玮、钱中丽，2003：77）

（2）You can just have a try. It is up to you to buy it or not. If you don't like it, you just return it to the peddlers. They won't ask you to pay for it. （朱华，2006：19）

湖南自然保护山林在中国乃至世界都是非常著名的。在句子（1）中，采用了转喻的手法，赞扬张家界美丽，顺应游客渴望参观著名景区的心理。在句子（2）中，顺应游客的自主愿望，一步一步地把游客引入现场，然后，在能言善辩的解说员的演示下，实现推销目的。

有时可以使用赞扬的方法以便赢得游客的喜欢，实现推销目的或者实现间接推销目的，让客人引来新的游客。例如：

（1）It look very good on you. It fits you perfectly and the colour matches you very well. （周玮、钱中丽，2003：145）

（2）Now, look at the girl who is building a pagoda of bowls. This program won a gold medal in the international acrobatic contest in Italy. （周玮、钱中丽，2003：175）

（三）游客身份顺应性策略

在导游过程中，要使客人感到满意，还需要察颜观色，随时注意客人的反应。针对不同的对象、不同的性别和年龄、不同的场合，灵活地使用语言，促进沟通和理解。了解游客的身份，可以通过客人的服饰、气质、肤色、语言等去辨别客人身份，通过客人的面部表情、语气、声音、手势等了解游客的心境。对待性情浮躁的游客特别注意使用温柔的语调、委婉的语言。对待客人的投诉，要设身处地为客人着想，说法更要谦虚、谨慎、耐心、有理。总之，学会揣摩客人的心理，用灵活的语言应对客人，注意把握游客的心理规律，利用一些心理策略完善导游服务。导游服务既是一种功能性服务，更是一种心理服务。导游人员应该注意把握游客的心理规律，利用一些心理策略完善导游服务。

1. 维护游客的利益

导游要从关心游客的人身安全方面着想，采用一些比较经典的谚语，俗语比较妥当。

（1）Caution is the parent of safety. 谨慎是安全之本。

（2）Everybody's business is nobody's business. 人人负责，结果无人负责。

（3）Cut your coat according to your cloth. 量入为出。

2. 激发游客的信念

有许多至理名言、格言可以帮助游客树立信心，坚守信念。

（1）It's a long lane that has no turning. 路必有弯。（指事情必有转机，常用于灰心丧气的人）

（2）It's dogged that does it. 天下无难事，只怕有心人。

（3）Where there's a will there's a way. 有志者事竟成。

（4）Let's cross the bridge when we come to it. 既来之，则安之。

（5）No cross, no crown. 无苦即无乐。

（6）Nothing ventures, nothing have. 不入虎穴，焉得虎子。

3. 了解游客的心理

顺从游客的所思、所想，并用俗语、格言给予鼓励和安慰。

（1）Experience teaches. 经验给人智慧。

（2）A mountain is not famous because because it is high, but because it has some spirit dwelling in it. 山不在高，有仙则名。

（3）After a storm comes a calm. 雨过天晴。

（4）April showers bring May flowers.（Adversity is followed by good fortune.）春雷带来五月花。

（5）All is gold that glitters. Or All that glitters is not gold. 发亮的东西未必是金子。

（6）Great men are apt to have short memories. 贵人易忘事。

（7）Justice has long ears. 天网恢恢，疏而不漏。

（8）Union is strength. 团结就是力量。

（9）When everybody adds fuel the flames rise high. 众人拾柴火焰高。

4. 尊重游客的需求

心理需求满足与否直接影响游客的旅游情绪,心理需要不能满足,整个游程索然无味。因此,语言表达必须尊重游客的需求。下面句子表达比较妥当:

(1) Whenever and wherever we travel, we always travel together. In case you get lost, don't worry. I have my mobile phone on for 24 hours. (朱华,2006:52)

(2) You can just have a try. It is up to you to buy it or not. If you don't like it, you just return it to the peddlers. They won't ask you to pay for it. (朱华,2006:19)

(3) You look a bit tired tonight. I know your flight has been delayed for almost three hours. You must be very hungry. (朱华,2006:7)

(4) Don't worry. Just keep pace with me! (朱华,2006:171)

(5) Make sure to take the valuables with you. Don't worry about your luggage, our coach will bring them to the place where we'll stay tonight. (朱华,2006:173)

(6) When you are leaving for the UK tonight, Mr. Smith. When you traveled in the Summer Palace, you asked to buy some souvenirs. However, we had no time to lose when we were touring in the scenic area. Now, it's time for shopping. (朱华,2006:16)

5. 树立良好的印象

第一印象在人际交往中起着重要的作用。良好的第一印象,会为导游人员以后工作的顺利开展铺平道路。下面为欢迎词常用句子表达示例(朱歧新,2005:48—49):

(1) My job is to smooth your way, care for your welfare, try my best to answer your questions and be your guide.

(2) During your stay in China, I will try to do my level best to warm the cockles of your heart or to do your heart good.

(3) We are friends across the sea.

(4) One of the most beautiful qualities of true friendship is to understand and to be understood.

(5) I know that you will have a wonderful and rewarding experience during your stay in Beijing.

同第一印象一样，导游人员留给游客的最后印象也非常重要。良好的最后印象能使游客即将离开旅游目的地也会对导游产生依依不舍的心情，从而激起再游的动机，同时宣传更多的人前来旅游。下面为告别词常用句子表达法示例（朱歧新，2005：52—53.）：

(1) Parting is such sweet sorrow.

(2) Happy to meet, sorry to depart, and happy to meet again.

(3) Are you in good hands? /Are you in good company? / Are you well looked after?

(4) If you go for a holiday, It doesn't matter whether it is bad or good. If it is bad, you are so pleased to return and appreciate your own home. If it is good you will be looking forward to being there again.

(5) You came strangers, but leave friends.

(6) Make new friends, but keep the old. One is silver, And the other is gold.

(7) Friends may meet but mountains never.

(8) Friendship always benefits.

(9) The best of friends must part.

(10) We believe that this friendship will continue to grow in the future.

(11) If you enjoyed the tour, tell others, if not, keep it to yourself.

第四节 小结

随着旅游业的发展，出现了许多新的旅游机构和旅游业务，在新的情景下，导致了一些普通词汇出现旅游词义。旅游词义主要有两种获得方式：链条式演变和辐射式演变。随着时间的推移和情景的变化，词义从原型义（基本义）到引申义出现链条式演变趋势；此外，由于旅游情境的出现，一些通用英语词义，演变出一些有关旅游方面的专门义。如果该意义涉及旅游的各个方面，这个专门义就会成为次原型，以辐射方式同时演变出几个新的引申义。引申义的出现有时引起词类语义结构的变化，如在词内增加词缀或语境词形成合成词。旅游英语在不同文化语境下的语言意义不同。文化语境即说话人或作者所在的语言社团的历史、文化和风俗人情。导游和游客本身的对话也在随着各自的思路、文化素养等不断地改变着对话的情景。使用中的语言必须不断地适应使用中的情景和文化。游客的反应左右着导游者的表达，导游必须根据游客所具有的文化的、心理的、社会的等特定情景，选择游客最容易理解、接受的语言表达方式来灵活编排说话内容，以便达到最佳沟通；其文化对语义和形式两方面的影响较大，存在同词义异、同义词异等语言现象。在语义形式方面，同一景点汉英表达词的数目悬殊；景点词汇表达方式呈现多样性；景点术语、俗语、谚语文化内涵丰富，英语表达方式趋于复杂。在句子方面，句型结构、句子成分排列顺序、语言表达方式都存在差异；在语篇方面，话题的选择、语篇的组织、衔接与连贯等东西文化都差异较大。认知主体在特定的旅游目标情景下，认知语境的建构和整合有其特殊的规律。旅游英语目标情景、认知图式、认知能力是旅游英语中认知语境的建构基础。认知功能是使用语言进行推理活动的主要功能。认知因素可能影响学习和与认知职能相关的因素。认知能力是人们成功地完成活动最重要的心理条件。认知过程是一个人学习语言时所用的各种心理智力活动的过程。影响认知语境中的主要因素有导游主体身份特征、语言的顺应性特征、语言的应变性特征等。特此本章提出了语言的应变策略、主体功能实现策略和游客身份顺应性策略等。

  总之，旅游语言是一种情景中的语言，它随着语境的变化不断地选择不同的语言表达方式。导游和游客在不断地变化立足点。观察的景点不断地变化，对话的人物不断地变化；另外，导游和游客本身的对话也在随着各自的思路、文化素养等差异不断地改变着对话的情景。使用中的语言必须不断地适应使用中的情景和文化。游客的反应左右着导游者的表达，导游必须根据游客所具有的文化的、心理的、社会等的特定情景，选择游客最容易理解、接受的语言表达方式来灵活编排说话内容，以便达到最佳沟通。此外，在旅游英语表达中，语境知识和认知因素往往相互作用，形成认知语境，使旅游英语的表达方式非常灵活。

  认知学习理论提倡在课堂教学中学生以有意义言语接受学习为主。在学习过程中，它强调学生已有知识经验的作用，强调新旧知识之间的同化过程，这决定学习者认知结构重新组织的速度与效能。死记硬背的传统的外语教学法已经不能满足习得者的需求。目前，学者们已经从认知角度开始研究外语教学，特别是关于词汇教学的研究比较多。蔡龙（2003）、武雪霜（2006）、孟宏（2007）、米小铃（2009）、文娟（2009）等从不同的认知角度探讨了词汇教学，然而从认知角度探讨句法和语篇教学的不多，并且他们的研究一般以单一的理论为研究视角，特别是从认知角度研究旅游英语教学的人几乎没有。本章从教学论、知识论、学习论等角度阐释认知语言学理论与旅游英语教学的关系，其中着重探讨原型范畴理论、隐喻理论、象似性理论、意象图式理论，框架、脚本、图式理论等对旅游英语教学的指导作用，并提出了具体的教学策略和方法。

第七章

教 学

第一节 原型范畴理论与教学

范畴指事物在认知中的归类（赵艳芳，2004：55）。范畴化是人类对世界万物进行分类的过程，即范畴化过程（Categorization）。认知心理学认为，范畴化的过程是复杂的、模糊的认知过程，而不是简单的、明确的。范畴成员之间总是享有某些共同的特性，而有的成员比其他成员享有更多的共同特性，该类成员成为该范畴的典型和中心成员，即原型。原型是认知语言学的基本概念。基本等级范畴是典型的原型范畴，体现为范畴成员之间具有最大的家族象似性。旅游英语中词汇、句子、语篇像其他语言现象一样，都可以进行范畴分类，顺从语言的基本规律，弄清教学的重点、难点以及知识的内在联系。

一、注重语言的基本层面

根据原型范畴理论，语言的基本层面是教学的重点。人们依据对世界的经验从两个基本层面认识世界（赵艳芳，2004：9）。第一，人们从具有完形特性的中间层面（基本等级范畴）开始，向更高或更低层面认识世界；第二，从具体事物的原型向外扩展到范畴边缘人员，一直到更抽象的事物和概念。这两个层面成为旅游英语教学的关键。

（一）基本等级范畴与教学①

根据认知语言学家的观点，基本等级范畴（basic level category）是人类对事物进行区分最基本的心理等级，是人们认识世界最直接、最基本的层面，是人们对事物进行范畴分类的有力工具。在基本范畴的基础上，范畴可以向上扩展为上位范畴，向下可以扩展为下属范畴。结合基本等级范畴教学，更容易引起学生的注意、感知和记忆，从而增强教学效果。

随着旅游事业的蓬勃发展和人们生活水平的提高，饭店里菜的种类越来越多，为了让学生全面系统地了解菜的类型和英文表达，我们可以从多个视角对菜肴"cuisine"进行归类。这种范畴归类有别于传统的语义场理论，它不仅重视语义包含关系，而且重视结构及其基本等级范畴的作用。下面是根据范畴理论以及饭店涉及的主要菜谱进行的归类。

```
                            菜肴
                   ┌─────────┴─────────┐
                  荤菜                 素菜
            ┌──────┼──────┐      ┌──────┼──────┐
           家畜   家禽   珍味…    海鲜   海藻   蔬菜…
          ┌─┴─┐  ┌─┴─┐  ┌─┴─┐   ┌─┴─┐  ┌─┴─┐  ┌─┴─┐
         猪肉 牛肉…鸡肉 鸭肉…燕窝 山鸡…  蛤蜊 海虾…海带 紫菜…白菜 土豆…
                            ……
```

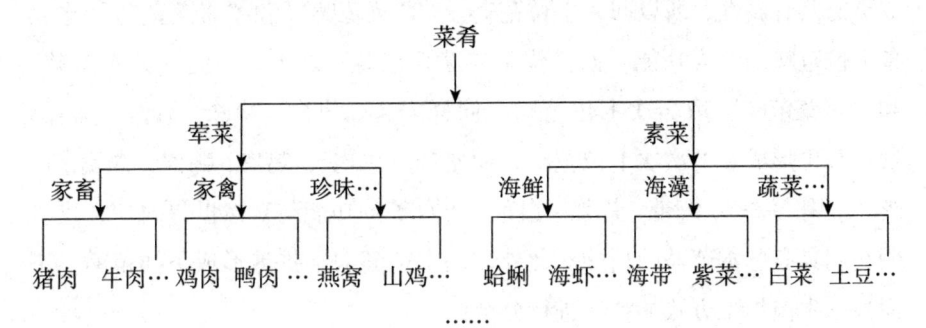

图7-1　菜肴范畴归类模式

要求学生根据分类图填写相应的英文词汇，并根据原型范畴理论划分上位范畴、基本等级范畴和下属范畴。如果范畴类型缺省，要求对省略部分进行补充，并写出相应的英文词汇。

图7-1参考译文如下：

---

① 本部分改自作者发表的论文《旅游景点语篇原型范畴研究与应用》，载于2006年9月《乐山师范学院学报》。本部分范畴原型归类的原始词汇语料主要选自朱歧新的《英语导游必读》（2005：299—362）。

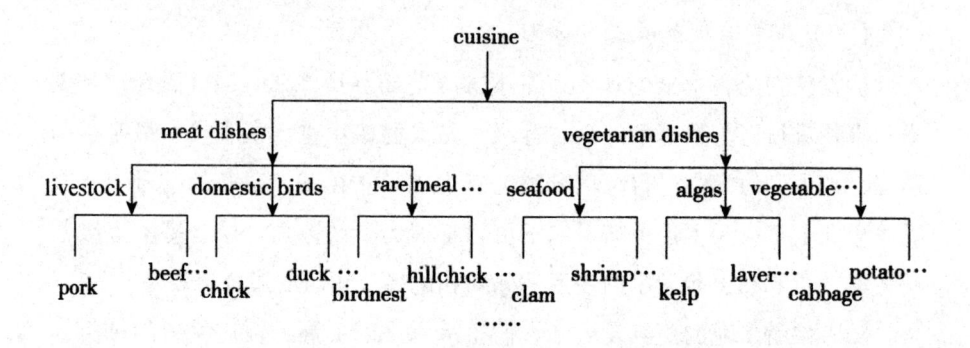

```
                              cuisine
                 ┌───────────────┴───────────────┐
            meat dishes                    vegetarian dishes
     ┌──────────┼──────────┐           ┌──────────┼──────────┐
  livestock  domestic birds  rare meal…  seafood    algas    vegetable…
   ┌─┴─┐      ┌─┴─┐       ┌─┴─┐       ┌─┴─┐      │         ┌─┴─┐
  pork beef… chick duck  birdnest hillchick…  clam shrimp  kelp  laver…  cabbage potato…
                                                                           ……
```

Figure 7–1 Cuisine Category Classfication Model

范畴归类分析：

"菜肴范畴"具备上位范畴的两大功能，既有聚合功能，又突出所属成员的共有属性，所以归入上位范畴。"荤菜范畴"和"素菜范畴"也具备上位范畴的两大功能，而又位于"菜肴范畴"之下，因此"菜肴范畴"和"素菜范畴"取名次上位范畴。同样家畜、家禽、珍味、海鲜、海藻、蔬菜等再形成新的次次上位范畴；而猪肉、牛肉、鸡肉、鸭肉、燕窝、山鸡、蛤蜊、海虾、海带、紫菜、白菜、土豆等的功能与自然世界对应，这说明它们具有基本范畴的功能。此外，基本范畴向下扩展形成下属范畴。下面根据牛肉加工方式的差异进行分类：

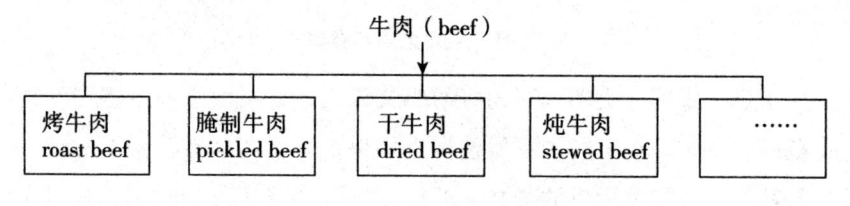

```
                        牛肉（beef）
     ┌───────────┬───────────┬───────────┬───────────┐
  烤牛肉      腌制牛肉     干牛肉      炖牛肉       ……
  roast beef  pickled beef dried beef  stewed beef
```

图 7–2 牛肉范畴加工型归类模式

在牛肉中人们常常添加另外一种食物，增强菜肴的口感。根据添加食品的不同，我们也可以对牛肉进行重新归类。

大脑对事物的认识不能是杂乱的，而是要采取分析、判断、归类的方法对其进行分类和定位（赵艳芳，2004：55）。旅游英语像其他专门用途英语

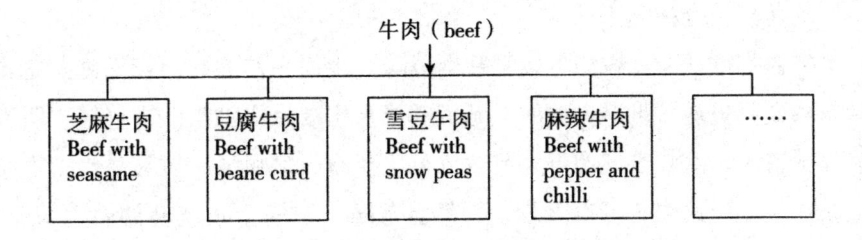

```
                        牛肉（beef）
                           │
     ┌──────────┬──────────┼──────────┬──────────┐
  芝麻牛肉    豆腐牛肉    雪豆牛肉    麻辣牛肉    ……
  Beef with   Beef with   Beef with   Beef with
  seasame     beane curd  snow peas   pepper and
                                      chilli
```

图7-3 牛肉范畴加料型归类模式

一样有自己的特征和规律，词汇如此，句子和语篇也是如此。句子的基本句型也可以构成基本层次范畴，为旅游英语句型的学习提供基础。下面为景点语篇归类范例：

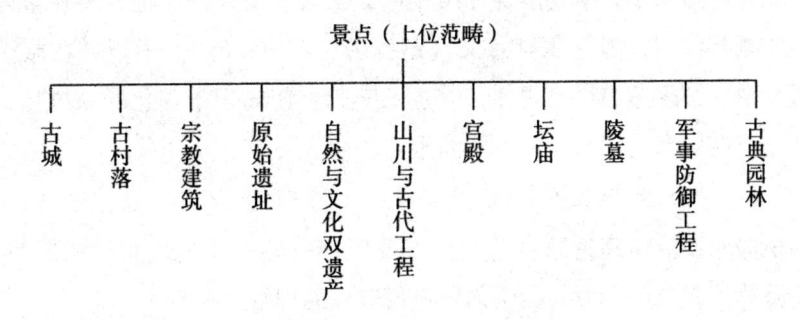

```
                    景点（上位范畴）
   ┌────┬────┬────┬────┬────┬────┬────┬────┬────┐
  古城 古村 宗教 原始 自然 山川 宫殿 坛庙 陵墓 军事 古典
       落   建筑 遗址 与文 与古         防御 园林
                     化双 代工         工程
                     遗产 程
```

图7-4 景点范畴分类图

以古城为例，再次切分景点范畴。其图表如下：

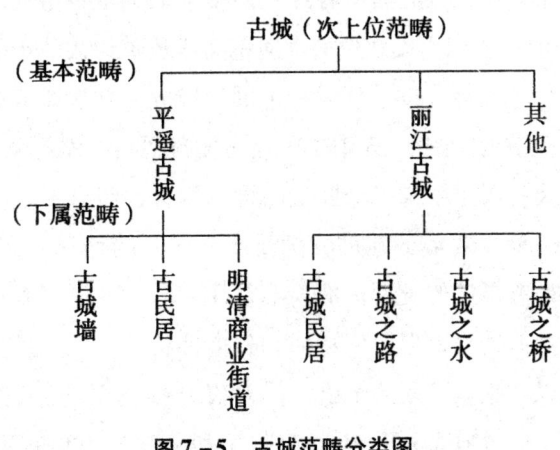

```
              古城（次上位范畴）
（基本范畴）  ┌──────────┬──────────┐
           平遥古城    丽江古城    其他
（下属范畴）┌──┬──┐  ┌──┬──┬──┐
         古  古  明   古  古  古  古
         城  民  清   城  城  城  城
         墙  居  商   民  之  之  之
                业   居  路  水  桥
                街
                道
```

图7-5 古城范畴分类图

范畴归类分析：

平遥古城、丽江古城等属于基本范畴。因为它们的共同特性主要是古建筑和文物史迹。平遥古城的下属范畴成员主要有古城墙、古民居、明清商业街道等。丽江古城的下属范畴成员主要有古城民居、古城之水、古城之桥。从上面的图表可以看出，"景点范畴"具备上位范畴的两大功能，既有聚合功能，又突出所属成员的共有属性，所以归入上位范畴。同样，"古城范畴"也具备上位范畴的两大功能，而又位于景点范畴之下，故取名次上位范畴。"平遥古城""丽江古城"等的功能与自然世界对应，这说明它们具有基本范畴的功能。

在人的感知中，事物属性和组成部分虽有重要作用，但只有在整体感知中才能起作用，因而才有意义（赵艳芳，2004：64）。所以，在旅游英语教学中，必须遵照语言规律，通过范畴归类使知识条理化和系统化，同时通过范畴层次的划分明白教学的重点。

（二）原型范畴理论与教学

根据原型范畴理论原型的特点以及原型范畴中成员之间的相似关系，在旅游英语教学中，要对教学内容进行彻底的理解和分析。

在词汇层面，"牛肉"是"家畜范畴"中的典型成员，具有原型特征，并且和家族成员之间具有更多的象似性，与自然世界对应，表达形式简单。它非常活跃，可以以此为中心形成许多新的词汇，组成新的范畴。图7-2牛肉范畴加工型归类模式中的下属范畴成员英语表达形式变成两个词汇的组合，组合形式为：过去分词+主词，构成一种次要成分在前，主要成分在后的偏正结构。图7-3中牛肉范畴加料型归类模式中的下属范畴成员英语表达形式变成三个和三个以上的词汇组合，组合形式为：主词+介词短语，构成一种主要成分在前，次要成分在后的偏正结构。由上可知，原型的分裂总是有自己的统一标准，不是任意的，其语言表达形式在同类范畴之间具有相似性。根据原型特征和相似性特征，以原型为中心，结合旅游语境，可以产生大量新的术语，使大脑中有限的词汇具有无限的语言表达力。此外，通过典型示例的范畴归类和分析，不仅有助于词汇的理解、记忆和扩充，也有助于培养自主生成新词汇的能力。

在句子层面，已经掌握的普通英语基本句型所形成的范畴为基本等级范畴。首先，其所受成员具有一般性。常见的基本句型结构为：主语+动词（不及物），主语+系动词+表语，主语+动词+宾语，主语+动词+间接宾语+直接宾语，主语+动词+宾语+补语五种类型。在这个基本句型结构范畴中，其成员具有相似性特征，它们都有主语和动词，其排列顺序为主语在前，动词在后；其中，成员"主语+动词+宾语"句型结构具有典型性，可以成为范畴中的原型成员，应用率应该最高。于是，根据这个假设我们分别对普通大学英语教材和旅游专业英语教材进行抽样分析，发现书中的"主语+动词+宾语"的句子结构类型确实明显高于其他类型。因此，旅游英语造句训练，可以以句型"主语+动词+宾语"为原型，通过增补语言成分，顺应旅游语境的要求。

在语篇层面，图7-4和图7-5中的平遥古城、丽江古城等属于基本范畴。它们共同的成员是古民居，两个范畴中所有成员都突显一个"古"字。这两大古城都是历史名城，都被列入世界遗产名录，都能反映基本范畴的特性，都可以选为原型。原型是同类语篇的楷模，相应语篇可以围绕一个原型而构成。如果掌握了语篇的相似性，那么其他相应的语篇只要在"原型语篇"的相似框架的基础上，再补进特殊的描述就可以了。例如，介绍任何一个旅游景点时，常常涉及地理位置、占地面积、主要景点以及旅游价值等。这四个方面属于旅游景点语篇范畴的相似点。按照认知规律，重点掌握典型语篇，按照语篇组成成员的家族相似性，其他非典型语篇的学习也就迎刃而解了。

二、强调词汇演变规律的导入

词汇扩展的方式说明不仅多义词之间有一种内在的联系，而且词的外围扩展即从词到词组，再由词组到术语都存在链条式扩展和辐射式扩展的方式。这些说明多义词之间是有层次关系的。在链条式扩展中，词义从基本义开始依次引申，逐渐扩展，一环扣一环。在辐射式扩展中，由一个意义同时引申出多个意义。同时，词的外围扩展有类似的机制。特殊的情况是在链条式扩展中，词汇一般逐渐增加，语义逐步具体化。在辐射式扩展中，以原型词为中心，通过加入语境成分，词汇出现相应语境意义。

在教学中增加这部分知识，可以使显得凌乱的词汇条理化、层次化，以便容易使学生在大脑中形成知识网络，这样可以大大提高学生的记忆能力和逻辑思维能力；同时，以此为基础，学生对陌生词汇的领悟性也会相应加强。

三、强调模式教学

以原型范畴理论为依据，从基本范畴中挑选原型。原型是教学的主要对象；以原型为基础，构建新的词汇、句子和语篇；家族相似性为范畴成员联系的纽带，理解的桥梁；新的词汇、句子和语篇是家族相似性与新语境特征融合的产物。旅游英语的教学必须顺从认知的规律就会水到渠成。下面从构建路径和构建过程两个方面，描述词汇、句子、语篇教学模式。

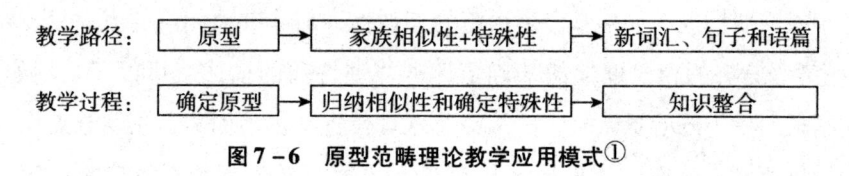

教学路径： 原型 → 家族相似性+特殊性 → 新词汇、句子和语篇

教学过程： 确定原型 → 归纳相似性和确定特殊性 → 知识整合

图 7-6 原型范畴理论教学应用模式[①]

四、培养知识迁移能力

在词汇层面，有些旅游英语新词的产生是以现有的词汇原型为基础，通过模仿生成的，如 nightscape, landscape, streetscape, moonscape 等词汇。其中 nightscape 是原型词，其余的词汇是通过模仿得来的。一词多义

[①] 该模式改自作者发表的论文《旅游景点语篇原型范畴研究与应用》中的"旅游景点语篇教学模式"，载于 2006 年 9 月《乐山师范学院学报》。

现象也是以基本义为原型通过隐喻、转喻等方式产生的结果,例如,glass是一个多义词,包含以下含义:①玻璃;②玻璃杯;③眼镜。其中"玻璃"是原型义,玻璃杯和眼镜都是由玻璃制成的,它们的意义由原型义"玻璃"演变而来。在句子层面,普通英语中的常见句型构成基本等级范畴,他们中的典型句型成为表达旅游英语特殊意义的结构基础。以典型句型为原型通过语言成分的增补、句型的转换,实现旅游语言的特殊功能。例如, The Zhurong Peak of Mt. Hengshan is said to be the dwelling place of Zhurong. 这个句子中的人名"祝融"对于中国人来说比较熟悉,但是对西方人来说就很陌生,因此,在旅游英语中人们给句子增加了一个成分如:The Zhurong Peak of Mt. Hengshan is said to be the dwelling place of Zhurong, **the Chinese Prometheus**. (曹波,姚忠,2002:297.)其中黑体字是对人名"祝融"的解释,他是中国的普罗米修斯。这样西方人就明白"祝融"实际上是中国的火神,因为普罗米修斯是古罗马传说中为民盗火的英雄。在语篇中,我们也可以分类选择原型语篇。在第四章中,列举了"武陵源"的构建框架,然后以图式理论为指导,以"武陵源"的构建框架为原型,构建黄山语篇,但是有些学生只明白它们之间的相似性,却忘记了黄山的显著特征,基本上符合景观介绍要求,但是人文特征体现不够。因此,在利用原型范畴理论培养学生知识迁移能力时,还要避免机械地模仿。

第二节 隐喻理论与教学[①]

隐喻理论对语言教学有着积极的指导作用和应用价值(束定芳,汤本庆,2002)。同样,隐喻理论对旅游英语语言教学很有实用价值。隐喻的修辞功能使旅游语言简练、形象、生动;隐喻的语言学功能表现在可以弥补旅游英语词汇空缺;隐喻的认知功能体现在它是人类思维的基本方式,

---

① 该节改自作者发表的论文《从文化的角度研究旅游英语中隐喻的构建》,载于2006年9月《广西教育学院学报》。

是人类组织概念系统的基础；隐喻的社会功能可以弥补东西文化之间的差异，能够缩小导游和游客之间的心理距离。这一部分主要结合导游和游客经验基础，指导学生掌握隐喻构建的规律，以便他们能够灵活地驾驭隐喻，使旅游英语表达得体，而语言表达形式尽量丰富和生动。

一、理解旅游英语隐喻构建的经验基础

投射植根于人类的经验，特别是身心体验。导游的身心体验一方面是普通人都拥有的身心体验，另一方面是导游经过专门学习、培训所获得的经验，例如异域地理、经济、政治、习俗等与文化相关的知识。

二、理解旅游英语隐喻的构建机制

旅游英语中隐喻的构建与普通英语中隐喻的构建有共同的理论基础，但又存在特殊性。隐喻构建的基本模式相同，但是影响隐喻构建的因素存在差异。

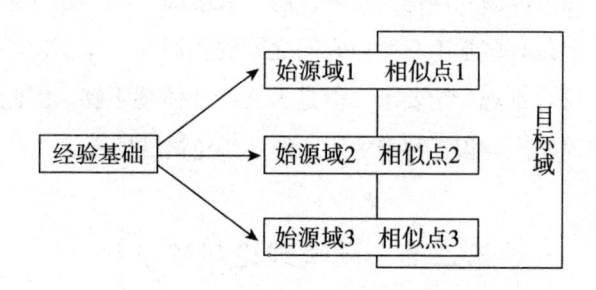

```
                    ┌─ 始源域1  相似点1 ─┐
                    │                    │  目
          经验基础 ──┼─ 始源域2  相似点2 ─┤  标
                    │                    │  域
                    └─ 始源域3  相似点3 ─┘
```

图7-7 旅游英语隐喻构建相关因素关系模式

（一）隐喻构建相关因素关系模式

对图7-7的说明：始源域的内容受到导游的经验基础的影响。从经验基础到始源域，前一步骤只是后一步骤的必要条件，而不是充分条件，因为它还受到相应文化模式的影响。始源域和目标域不是一一对应的关系，一个目标域可以与多个始源域产生对应关系，其中可供选择的始源域和目标域之间必须存在相似性。目标域不是隐喻模式的终点，可以以此作为新

的始源域构建新的隐喻。

（二）始源域的确定

我们也可以利用数学公式来表达始源域、目标域和相似点之间的关系。

{始源域1} ∩ {目标域} = {相似点1}
{始源域2} ∩ {目标域} = {相似点2}
{始源域3} ∩ {目标域} = {相似点3}

如果想突显"相似点1"，我们就把始源域1投射到目标域。
如果想突显"相似点2"，我们就把始源域2投射到目标域。
如果想突显"相似点3"，我们就把始源域3投射到目标域。

三、旅游英语隐喻构建类型

根据旅游英语隐喻构建的特点，可以把隐喻的构建分为常规构建和跨文化构建。常规构建避免文化差异，跨文化构建应遵循异国文化传统。

（一）隐喻常规构建

旅游英语隐喻常规构建就是利用源域和目标域之间的相似性构建隐喻，特点是该隐喻的始源域属于世界上普遍存在的事物，说话双方都非常熟悉。因此可以避免因文化差异而导致分歧或不理解。我们可以根据突显的相似点选择始源域，如重庆的地理特征是多山，它的气候特点是多雾。按照突显地理特征，我们可以把它描述成"山城"，按照突显气候特点可以说它是"雾都"。

e. g. Chongqing is also named "Hill's City" or "Fog City".

在旅游英语中，名词性隐喻常规构建语料有很多，看下面的表格：

表7-1 隐喻常规构建时源域与目标域对照表

目标域	相似性	源域
Xishuangbanna	There are lots of animals and plants there.	Kingdom of Animals Kingdom of Plants

续表

目标域	相似性	源域
Hangzhou	Pleasant climate and picturesque landscape	Paradise on earth
Chengdu	Pleasant climate	Storehouse of Heaven
Hong Kong	The largest trade market	A shopping paradise
Guangzhou	There are many flowers there	The Flower City
Changchun	Lots of trees.	A city of forests
Changchun	Pleasant climate every day	Everlasting spring beyond the Great Wall（塞外春城）
Xinling	There is lots of Salt there.	World of Salt

（二）隐喻跨文化构建

导游生活的文化语境以及工作环境影响始源域的确定。导游常把所在语境中的突显对象如景点或文化遗产等作为目标域。游客生活的文化语境以及文化素养影响始源域的确定。由于东西方文化习俗的不同，语言表达方式出现不同，如东方人认为神话中的仙境由玉皇大帝主管，而西方人认为仙境由如来佛祖主管。同时由于游客的职业不同或文化知识结构不同，始源域的选择对象也不同。当游客是医生时，导游可挑选与医生相关的始源域。当游客是政界人物时，导游可挑选与游客所在国家的著名历史人物或重大历史事件作为始源域，如美国总统华盛顿、英国首相撒切尔夫人等是与之相似的政界著名人物的理想目标域。

旅游英语句式中的隐喻跨文化构建，特点是始源域和目标域具有各自不同的地方特色和文化差异。当目标域属于游客不熟悉的事物时，导游必须架起理解的桥梁，选择游客非常熟悉的事物作为始源域，也就是说按照对方的文化习俗进行隐喻构建。

这种隐喻主要通过用目的方熟悉的事物进行类比，缩小东西方人之间的文化距离，从而达到沟通和理解。这种修辞上的类比手法如果从认知角度看，依然是属于隐喻范畴。也就是说，当我们帮助对方了解某个事物时，如果对方是中国人，我们应该选择中国人熟悉的事物作为投射的始源域。如果对方是西方人，我们应该选择西方人熟悉的事物作为始源域。例如：

(1) Marco Polo visited Suzhou in the latter half of the 13th century and proclaimed it another <u>Venice</u>.

下面表格可以作为跨文化隐喻构建语料：

表7-2 隐喻跨文化构建时目标域与源域对照表

目标域		源域	
		中国人	西方人
钟乳石		孙悟空（Sun Wukong） 猪八戒（Zhu Bajie） 老寿星（the God of Longevity）	米老鼠（Mickey Mouse） 唐老鸭（Donald Duck） 圣诞老人（Santa Claus）
特殊人物	著名人物	孔子（Confucius）：中国古代伟大的思想家，维护封建帝王的统治	苏格拉底（Socrates）：古希腊著名思想家、哲学家、教育家，西方哲学的奠基者。 释迦牟尼（Sakyamuni）：佛教创始人
		杨贵妃（Lady Yang） 西施（Xi Shi）	海伦（Helen）
	传说中的人物	济公（Buddha Jih）	罗宾汉（Robin Hood）
刘三姐与阿牛哥 梁山伯与祝英台		罗密欧与朱丽叶 （Romeo and Juliet）	
中国的威尼斯		苏州（Suzhou）	意大利的威尼斯（Venice）
东方的巴黎		上海（Shanghai）	法国的巴黎（Paris）
世界四大古都之一		西安（Xian）	雅典、开罗、罗马 （Athens，Cairo，Rome）

续表

目标域		源域
中国的拉斯维加斯或蒙地卡罗	澳门（Macao）	拉斯维加斯或蒙地卡罗（Las Vegas or Monte Carlo of the east）
东方金字塔	西夏王陵（The Western Xia Mausoleum）	东方金字塔（The Eastern pyramid）
中国的小麦加	银川（Yinchuan）：伊斯兰教在西北部的居住地和传播中心	麦加（Mecca）：沙特阿拉伯的麦加，是伊斯兰教最著名的圣地。
人间仙境（Paradise under the sky）	九寨沟（Jiuzhaigou）	童话世界（Fairyland）
黄金市场（The gold markets）	香港（Hong Kong）	伦敦（London）纽约（New York）苏黎世（Zurich）

总之，旅游英语中隐喻的构建与普通英语隐喻构建有共同的理论基础。但由于旅游英语与文化的密切关系，又有它的特殊性。其中旅游英语中的目标域可以是普遍的事物，也可以是对方文化语境中的事物，而且对方文化语境中的事物常常是目标域的最佳选择。

研究旅游英语隐喻的构建有重要的实际意义。导游和游客之间常常因为文化的差异而导致分歧，正确的语言表达方式是融洽关系的主要途径，而通过隐喻这种思维方式进行语言表达既形象生动又能融洽关系。

在旅游英语语言表达中，可以利用前人现成的隐喻表达，但更重要的是要有自己构建新隐喻的能力，才能使旅游语言具有弹性和活力，而这一切的实现依靠导游丰富的异域文化知识和应用语言学知识。

第三节 象似性理论与教学

所谓象似性是语言的能指和所指之间，也即语言的形式和内容之间有一种必然的联系，即两者之间的关系是可以论证的，是有理据的。认知语言学中的相似性是指语言与思维的关系，即语言结构直接映照经验结构，是从认知方面研究语言形成的又一种方法。象似性理论在语言研究方面具有普适性意义，对旅游英语语言的教学具有指导作用。我们主要结合一些主要的象似性原则，来研究象似性理论对教学的启示。

一、顺序象似性原则对教学的启示

顺序象似性原则即事件发生的时间顺序以及概念时间顺序与语言描述的线性顺序相对应。一个句子倘若是按照自然顺序形式来组织，即语句顺序与储存形式相一致时，提取信息较容易，这时所需的认知加工量也较小（王寅，2007：556）。在旅游英语中，许多句子或句组都是按照自然的形式组织的。让学生了解旅游英语语言表达的顺序性特征，有助于学生记忆、提取以及主动生成语言。

我们在第四章利用脚本理论阐释了旅游情景语篇的构建，实际上每个旅游情景都包含几个相关的场景，这些场景总是按照一定的程序进行，也可以用顺序象似性原则进行阐释。尽管个别场景省略，但是对于熟悉这种情景，或经过培训的导游来说已经具备一定的经验基础，是能够通过现有的场景激活缺省的语言知识的。这可以按照常规的顺序经验进行推理，也得益于人所具有的完形心理。这要求教师在教学中，指导学生对典型的旅游情景中的典型场景进行归纳，熟悉语言表达的规律，并在具体的情景中领悟和操练。

二、数量象似性原则对教学的启示

数量象似性原则即在概念上信息量大、更重要更难预测的信息，其语言表达更长更复杂。在旅游英语表达中，语符数量相对普通英语中的同类情况出现增多的趋势，主要原因是需要增加一些特殊的意义。让学生了解旅游英语语符数量增加的理据，有助于表达导游良好的愿望，有助于缩小导游与游客之间的心理距离，有助于表达模糊意义，有助于获得游客的理解和支持。

（一）插入主观成分，表示主观愿望

在句子内部插入主观成分，一般不改变句型，但有时也有例外。例如：

（1）<u>I'm ready to</u> serve you. （朱华，2008：5）

（2）<u>I'd like to take this chance to</u> introduce the customs of Double Ninth Festival. （朱华，2008：31）

（3）I <u>wish to</u> thank you all for the understanding and cooperation you have given us in the past five and a half days. （朱华，2008：192）

（4）<u>I'd like to add that</u> you are the best group we've ever been with. （朱华，2008：192）

（5）I <u>suggest</u> we make a slight adjustment of our itinerary.

上面例子中的画线部分为插入成分。前面四个例子没有引起句型的改变，最后的一个句子插入主观成分后，句型由简单句变成复合句。

（二）插入主观成分，表示决心

插入主观成分可以表示导游的决心，因而使游客放心。

（1）<u>Whenever and wherever we travel</u>, we always travel together. （朱华，2008：52）

（2）We'll visit the museum tomorrow <u>no matter it shines or rains</u>.

（三）插入主观成分，缩小心理距离

插入主观成分，可以融洽关系，避免误会，表示理解、建议、感谢等意义，缩小导游和游客之间的心理距离等。例如：

（1）I'd like to see the original one at site <u>if you don't mind</u>. （融洽关系）（朱华，2008：146）

（2）When you are leaving for the UK tonight, Mr. Smith. When you travelled in the Summer Palace, you asked to buy some souvenirs. However, we had no time to lose when we were touring in the scenic area. （融洽关系） Now, it's time for shopping. （朱华，2008：16）

（3） You can just have a try. It is up to you to buy it or not. （避免误会）（朱华，2008：19）

（4） You look a bit tired tonight. I know your flight has been delayed for almost. （表示理解）

（5） Don't worry. Just keep pace with me! （表示建议和乐意帮助）（朱华，2008：171）

（6） Once again, thank you for your cooperation and support. （表示感谢）

（四）插入主观成分，表示不确定

插入主观成分，可以表示对过去的不确定，一般改变句子类型，主要表示主观意识，对将来的预测，对未来的美好祝愿等。

（1） I heard that the Zigong Salt History Museum is regarded as one of the seven distinctive museums in China by UNESCO.

（2） I think this building is quite different and peculiar in design. （朱华，2008：144—145.）

（3） It sounds a bit mysterious. （朱华，2008：170）

（4） It is said that he had 3,000 students, among whom 72 were very outstanding. （朱华，2008：4）

（5） I was once told that Confucius had exerted a great influence on the Chinese society. （朱华，2008：5）

（6） I suggest that we just have a rest in the teahouse nearby. （朱华，2008：19）

（7） I believe you'll certainly lend your ears to me. （朱华，2008：20）

（8） To be frank with you, it's hard to explain the reason. （朱华，2008：32）

（9） It was estimated that up to the Tongzhi reign of the Qing Dynasty, as many as 300 poems about the tower had been found in historical literature. （朱

华,2008:103)

(五)插入同位语,进行解释说明

插入同位语的目的是对强调的对象进行解释说明,使游客对人或物能预先产生一种好感,激化他们想游览的欲望。例如:

(1) Lin Zexu, a native of fuzhou City, was a national hero in modern times. (朱华,2008:130)

(2) Xi'an, the historical city, was called Chang'an in ancient times, and is now the capital of Shaanxi Provinces. (朱华,2008:165)

(3) Yunan ethnic villages, situated six kilometers south of Kunming, is a 2000mu theme park bordering on the south by the Dianchi Lake and on the west by the north Western Mountains Scenic area. (朱华,2008:142)

(4) The Temple, rebuilt in the Yuan Dynasty, is the place where the Chinese people commemorate the three Sus. (朱华,2008:116)

三、对称象似性原则对教学的启示

对称象似性原则指在概念上具有同等重要性和并列关系的信息在表达上具有对称性。在旅游英语句子表达中的排比句、对偶句表现明显;其中的排比句中并列结构常相同或类似,意义相关,语气连贯,使语气由轻到重,由低潮到高潮。其中的对偶句中结构工整匀称,具有节奏感,深受游客喜欢。它还是表示对比关系的有效手段。例如:

(1) Autumn on the mountain is colorful due to the blue sky, white clouds, red maples and yellow fruits. (朱华,2008:50)

(2) Studying without thinking leads to confusion; thinking without studying leads to laziness. (朱华,2008:4.)

(3) In the sky, the best is heaven, on the earth, the best are Suzhou and hangzhou.

四、非对称象似性原则对教学的启示

非对称象似性原则指在认知上突显的信息往往处于话题的位置,其他信息则处于述题的位置。可以通过强调句型、倒装句型或者突显信息提前等手段来实现。例如:

(1) <u>On each side of each storey</u>(突显方位)is inlaid with three Buddhist statues.(朱华,2008:112)

(2) It's <u>ninth day of the ninth month of the Chinese lunar calendar</u>(突显节日), a very important Chinese festival, known as the Double Ninth Festival, also called Chongyang Festival.(朱华,2008:3)

(4) <u>Each side of the gate</u>(突显地点)stands more guardians with three heads and six arms or even four heads and eight arms.

第四节 意象图式理论与教学[①]

意象图式是在对事物之间基本关系的认知基础上所构成的认知结构,是反复出现的对知识的组织形式,是理解和认知更复杂概念的基本结构。人类最初的经验就是空间经验,基本的意象图式就是空间图式。这些基本的空间概念和结构又通过隐喻成为人们理解其他概念的基本模式,人们将空间图式用于理解抽象的经验,使人具有了形成抽象概念和复杂结构的能力。在第五章中,我们分析了大量的旅游景点语篇段落,并抽象出一组段落构建模式,并发现这些模式与基本的意象图式有密切的关系。我们认为,在段落教学中,建议加强模式教学,变抽象为具体,结合人类的经验,加强意象图式之间的导入,避免机械地模仿。

---

① 本节改自作者发表的论文《意象图式与旅游景点段落构建及其教学启示》中的"教学启示"部分,载于 2006 年 11 月《四川教育学院学报》。

一、教学与段落扩展模式相结合

语言组织条理清楚，才能使听话者意思明了，导游语言更是如此。在长期的语言表达实践中，段落的表达已经形成了一些有序的知识结构，并抽象出一系列模式：辐射式扩展模式，链条式扩展模式，发散式扩展者模式，平行式扩展模式，外延式突显模式和内嵌式突显模式。这些模式使抽象的语言表达具体化。根据模式构建语言，可以保证语言组织有纲可依、有目可从。同时，可以克服重点不明、语无伦次等情况。

二、教学与意象图式理论相结合

意象图式能有效阐释段落扩展的规律。意象图式是不断反复出现的人类理解和推理的经验完形，具有一定的内部结构和组织（赵艳芳，2001：70）。由于旅游景点语篇与空间结构密切相关，这样，这些从经验基础上抽象出来的意象图式与段落的扩展也直接相关。意象图式对段落的形成和扩展起到了关键性的作用。在课堂上有意识地进行意象图式理论的导入，使学生在理解的基础上进行语言构建，避免机械模仿。

三、教学与段落扩展基础相结合

段落扩展的基础是人类自己的身心体验，身心体验又是意象图式形成的基础。认知语言学家认为，语言是建立在人的生理、物质世界和认知能力之上的。（赵艳芳，2001：Ⅳ）任意一种意象图式都有一定的生理基础。了解它们的生理基础，才能使学生真正理解意象图式的含义，才能把理论有效地用于教学实践。

第五节　框架、脚本理论与教学

泰勒认为框架是与指定语言学形式相联系的多个域相关的知识网络。

他认为，脚本（Script）是在某一行为框架内按时间和因果关系联系起来的一系列事件和状态。他认为，框架是静态的知识结构，脚本是动态的。明斯基（1975）的"框架理论"（frame theory）以及菲尔墨的框架语义学（frame semantics）认为框架理论是以命题形式构造的，多个相关联的命题可以构成一个活动的"脚本"，即一个言语社会进行某种特定活动（比如去饭店、看病、乘飞机）时依循的、按时间和因果关系联系起来的一个标准化、理念化的事件和状态系列。按照昂格雷尔和施密德的定义，"脚本"或语境模式（scenario）指专门为经常出现的事件设计的知识结构，即某一知识领域在大脑中储存的所有相关知识表征及结构。他们认为，脚本具有结构性、动态性和与概念的互相依赖性。

导游工作过程涉及一系列语言语境。在这些语境中，导游充当讲解、口译和服务的角色。旅游英语教学必须结合这些典型语境选择教学内容。根据语言语境，导游讲解主要包括沿途讲解、现场讲解以及座谈、访问、接待以及生活服务中的口译工作。沿途讲解主要包括往返程沿途讲解、旅行沿途讲解以及旅途起点、终点的讲解。在旅游中，主要现场讲解沿途风光、历史变迁以及与将要参观的景点的关系。在归途中，针对游客提出的问题进行解释和补充说明，对游览过的景点进行总结性概述。现场讲解包括景区风貌讲解、市区风貌讲解、人文景点讲解、自然风光讲解以及博物馆讲解等。参观文物古迹应介绍历史背景、建筑特点、历史和艺术价值等；参观公园应与活动联系起来并适当介绍活动的来由和活动技巧。有时，为了满足游客的心理，应给予示范；参观人文景点要注意讲解它的来历以及历史的变迁；参观自然风光应介绍其独特的优势、形成的原因，包括地理、地质条件等。语言教学模块主要包括导游服务语境教学模块和导游专业语境教学模块，每个模块又包括多个特殊的情景。我们认为，旅游英语教学工作的重点应在这些特定的情景中进行，其教学模块可用图 7-8 表示。

```
                    ┌─────────────────────┐
                    │ 旅游英语语言教学模块 │
                    └──────────┬──────────┘
              ┌────────────────┴────────────────┐
    ┌─────────┴──────────┐         ┌────────────┴───────┐
    │ 导游服务语境教学模块 │         │ 导游专业语境教学模块 │
    └─────────┬──────────┘         └────────────┬───────┘
```

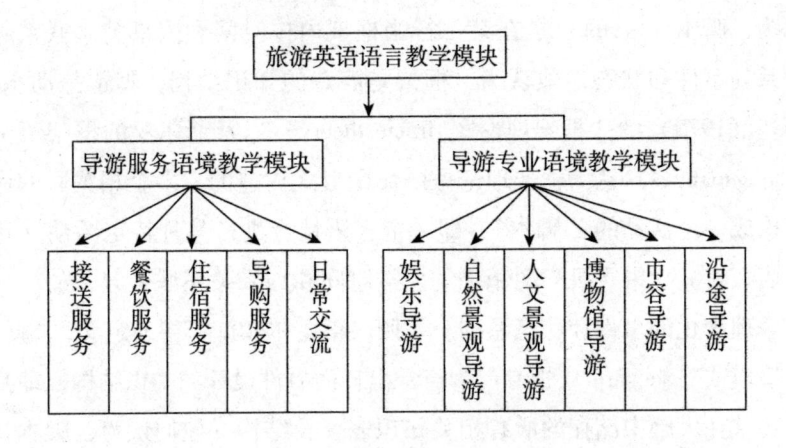

图7-8　旅游英语语言教学模块框架

一、重视程序性知识积累

在图7-8中的每个语言情景中，导游总是按照一定的程序办事，但是每个情景办事的方式又存在个体差异。因此，导游应该对图7-8中的每个情景的常见程序有清楚的了解，下面为迎接游客的主要程序。

1. 会面：对游客表示欢迎。
2. 介绍：介绍自己和身边的人。
3. 归途陈述：介绍目的地主要景点和沿途风光。
4. 计划简介：主要介绍当天的安排。
5. 住宿介绍：主要介绍住宿条件，注意事项，可能遇到的问题，餐饮以及娱乐活动等。
6. 希望与祝愿：字里行间希望得到游客的理解和支持，同时还要表达对游客的良好祝愿。

实际上，要把程序中的每次陈述做好也不容易，同样需要对说话的常规思路有比较清晰的了解。如在归途陈述中介绍目的地主要景点也有常规的程序。首先整体介绍激化游客兴趣，使游客心驰神往；然后，对目的地景点的地理位置、距离和预期到达的时间做简单介绍。对沿途风光的介绍只是进行代表性的介绍,一般不参观。

二、重视英语专业性知识的归类

在教学中不仅要重视程序性知识的积累,对每个情景的说话要思路清晰、条理清楚;而且,对每个情景中的开场白、套话、逻辑词以及结束语等要进行示范性归类,要求学生能根据示范自己对其他情景进行归类,并非常熟练,能达到脱口而出的程度;对涉及的常见句型能灵活应用。下面是我们对一次途中介绍范例"On – the – way Tour from Ya'an to Hailugou Valley"(朱华,2008:104—105)的分析。

1. 开场白

Good morning, dear friends! All of you look energetic today. That's very nice. Today we will visit Hailougou Valley. Hailougou is a fantastic tourist site.

2. 套话

(1) All of you look energetic today.

(2) Please have a rest or enjoy the landscape outside the windows!

(3) In order to keep the historical moment, please take the picture.

(4) How time flies!

(5) Please get off the coach one by one!

(6) Just stay in the lobby of the hotel and I'll help you to check in.

(7) Here are the key cards and have a short rest.

(8) See you later!

3. 结束语

How time flies! Ladies and gentleman! We've arrived at kangding City. Tomorrow we'll hike in the hailuogou Valley. Please get off the coach one by one! Just stay in the lobby of the hotel and I'll help you to check in. Here are the key cards and have a short rest. We'll have the bonfire party at 7:00 pm. See you later!

4. 常见句型

（1）×××is×××kilometers from×××.

（2）It will take us about×××hours to get there.

（3）Along the road, we'll feat your eyes with×××.

（5）Now, we're heading for×××.

（5）We've arrived at×××.

（6）Tomorrow we'll hike in the×××.

（7）We'll have the×××party at×××pm.

根据上面的分类可知，在开场白和结束语中，有些语言是在沿途语境中经常出现的套话，有些是在沿途语境中经常出现的句型，句型中写出的部分是比较固定的，"×××"是景区特征词，是灵活的，它随着沿途语境的变化而变化。这些现象可以用框架、脚本理论进行阐释。框架具有静态特征，脚本具有动态特征。我们认为，通过对知识的归纳、分析，将有助于语言的理解、记忆。同时，可以规范语境语言，突出说话重点，此外还可以避免说话冷场、信息遗漏等现象。

第六节　图式理论与教学

图式是认知的基础，在大脑中形成后会对以后获得的信息进行重新组织、理解和记忆。如果图式丰富、正确，就能促进语篇的理解和生成；20世纪80年代，心理语言学家把图式理论应用到外语教学中，主要用来解释外语学习和外语阅读理解的心理过程。近年来，它又被应用到听、说、读、写等各个方面。这里我们主要研究在具体的旅游情景中，研究图式理论对旅游英语教学的指导作用。

一、加强图式知识的导入

图式是信息在长期记忆中的储存方式之一，是围绕一个共同题目或主题组成的大型信息结构。图式包括内容图式和形式图式。内容图式包括文化知识、语用知识和专业知识；形式图式包括文字符号、语音、词汇、句法、语篇等结构以及语义框架等知识。如果图式欠缺或不完备，则语言表达缓慢，语言不得体或表达方式枯燥。因此，对学生加强图式知识的导入非常重要。

（一）加强语法知识的导入

采取英汉对比的手法加强英语语法知识的学习，对英汉之间比较显著的语法差异进行分类对比，并给予示例进行论证。在回答汉语的反义疑问句时，"是的"表达的是对整个疑问句的肯定；在回答英语的反义疑问句时，"Yes"只是对动词的本意部分加以肯定（不含其否定结构）。下面为外陪成员误用"yes"引起的投诉事件（陆建平，简庆闽，2001：23）：

A：So you didn't know that before hand, did you?

那么，你事先并不知情，对吧？

B：Yes.

是的。（我知道此事）

A：You didn't mean that you knew it in advance, did you?

你不是说事先知道此事，是吗？

B：Yes, Miss.

是的，小姐。（我是这个意思）

上述示例发生在一次旅游活动中，游客遇到许多意外情况，存在很多怨气。但当他们追问导游时，导游回答的英文意思是这不是意外情况，是事先知道的，所以游客认为导游故意刁难，因而投诉他。然而，导游的本意是"我不知道会发生这种情况"，用英语表达的意义刚好与导游心中的愿望相反，导致游客投诉。实际上，交际失败的主要原因是导游英语语法基础差，对反义疑问句没有真正掌握。

（二）加强文化知识的导入

进行文化知识的导入，要理解语言和文化的关系，使语言知识与文内容紧密联系起来。语言作为文化的载体,必然负载着文化的内容。顾嘉祖等(2002:156)认为,在语言文化教学实践中,认识到以下几点至关重要:

(1)文化不应当仅仅被视为"知识"或行为,还应当被视为"意义"。语言文化教学是对"意义"的动态理解过程。

(2)虽然在教学方式上可以将语言与文化两者"分而治之",但不应将两者割裂开来,而应时刻注意语言与文化之间的内在联系。

(3)充分发挥交际教学法的优势,以交际为契合点,将语言形式与文化内容有机结合起来。

(4)在教学实践中,要重视教学过程,努力做到语言教学的过程同时也是文化教学的过程。

强调在文化语境中理解语言意义。不同文化语境可能语义差距很大。例如在普通的餐馆中"have tea"指"喝茶";但在西澳人的餐馆中"have tea"指吃正餐。同样,同一句子在不同的文化语境中呈现出不同的意义,例如"It's very unusual and interesting."一般的翻译应该是"挺有意思,挺不寻常",是褒义。但是如果在餐馆中与西方游客就餐,游客评价某道菜"It's very unusual and interesting",那是说他们不喜欢这道菜的委婉的说法。

强调在文化语境中讲授语言。当我们讲授景观名称时,必须先了解它蕴含的民族文化。民族文化能激化西方游客对异国风情的好奇心理,但是如果缺乏适当的背景知识,就会造成跨文化交际的障碍。"炎帝"(Emperor Yandi)如果从字面上理解就会把他当作中国历史上的一位普通帝王;然而,他是中华民族传说中农业文明的始祖,因此,在讲授这个术语时,必须进行解释。如我们可以这样说:"Emperor Yandi, the God of Chinese Agriculture"。但是,为了获得更好的表达效果,建议用类比的手法来解释,如:"Emperor Yandi, the Chinese Saturrn"(曹波,姚忠,2002:306)。因为西方人对罗马神话中的农神非常了解,很容易激活头脑中的认知图式,因此表达效果更好。这种通过语言成分的增补弥补文化差距就是语言形式与文化内容有机结合起来的范例。

强调文化教学贯穿于语言教学过程中。如在学习中国传统节日课时，可以请少数民族的学生讲解他们的民族概况、民俗文化以及相关的传说，其他同学可以根据自己了解的情况进行补充，也可以对不明白的地方进行提问，鼓励学生积极参与，并发表评论。这样不仅是学生文化知识的积累过程，也是语言创造性生成的过程。

（三）加强专业知识的导入

旅游英语是现代英语的一种功能变体，它有其特殊的语言功能，导游与游客交流的目的是引起游客在情感、观念及行为上的互动。同时，它又是一门特殊语境中的语言，导游和游客之间存在地域、气候、历史背景、政治制度、经济状况、科学技术、文化传统、体育娱乐、宗教信仰、风俗习惯以及社会生活等方面的差异。旅游英语为了实现它的特殊功能，适应特殊的语境，加强专业知识的导入非常重要。旅游英语涉及的专业知识很广，但如果每门知识都开课，学生就不可能在规定时间内完成学业。那么，两全其美的教学方法就是在语言知识的传授过程中，导入专业知识。实际上，就是使用情景教学法，教师在具体的语言情景中导入专业知识。

（四）加强语用学知识的导入

语用学主要研究语言在交际中的使用，特别是句子和语境及情景中的关系。它主要研究三个方面的内容：①研究话语的使用和释义对客观世界的认识的依从关系；②研究说话人怎样使用和理解言语行为；③研究说话人和听话人之间的关系对句子结构有什么影响。旅游英语是一门具体语境中的语言，加强语用知识的导入尤其重要。导游和游客在不断地变化立足点，观察的景点不断地变化，对话的人物不断地变化，导游和游客本身的对话也在随着各自的思路、文化素养等不断地改变着对话的情景，所以在旅游英语教学过程中，导游的语言必须不断地适应使用中的情景和文化。游客的反映左右着导游者的表达，导游必须根据游客所具有的文化的、心理的、社会的等特定情景，选择游客最容易理解、最容易接受的语言表达方式来灵活编排说话内容，以便达到最佳沟通效果。

二、激活学生已有的图式

教师的首要任务就是成功激活学生已有的图式。图式理论认为，输入的信息与图式相互作用，图式被激活，空位被填充。相反，如果读者没有储存的适当图式，或者具备相应的图式，但条件不充分，则还是不能被激活。因此，教师必须根据学生的现场反馈信息，进行预热。如在教学生旅游景点语篇时，教师说上次我们为"武陵源"构建了语篇，今天我们要结合庐山特征，构建庐山景点语篇，于是就激活了学生的景点语篇一般图式，但是大部分学生构建的语篇不能体现庐山文化特色。这时教师根据学生的反馈信息继续问学生，按照世界遗产的形成特征中国遗产可以分为哪几类？于是学生回答说包括：自然遗产、文化遗产、自然文化遗产。这时有的学生就激活了自然文化遗产图式。有的还没有。于是老师又说，庐山属于自然文化遗产。这时绝大部分学生激活头脑中的自然文化遗产图式，基本上能达到预期的教学效果。在教学过程中，教师不仅要循循善诱指导学生，而且要根据学生的认知能力因材施教，对不同程度的学生采取不同的方式进行图式激活。再看下列案例（向晓，廖光蓉，2007：108）：

案例：老师要求学生仔细观察书上的图形，要求学生理解图形并陈述自己的观点。学生甲主动陈述了自己的观点。老师又指定学生乙发表意见。学生乙沉默不语，于是老师问了几个问题。这时学生乙迅速地做了回答。老师又指定丙回答问题，学生丙摸着头。老师详细地解释了问题中的一个术语。他才豁然开朗，急忙做了回答。

案例中的三位学生认知能力有差异，老师根据他们的能力情况，利用监控、提示、解释等技巧对症下药，因材施教。通过对学生提醒以及缺陷知识的弥补，顺利地激活了三类知识结构层次不同的学生头脑中的图式，圆满实现到教学效果。

三、指导学生创建新的图式

语言图式往往会影响学生话语的理解和话语的构建。在旅游英语教学过程中，除了要激活学生头脑中原有的图式之外，教师还可以通过听、说、读、写等提供学习者尽可能多的文化背景知识，还要有计划、有目的地帮助学生构建新的语言图式，从而帮助学生在输入新信息的同时盘活头脑中已储存的现有的英语语言表达图式，并进行新的调整、转换、积累、创建新的图式，使一般的语言表达能力转化为旅游英语语言表达能力。

四、培养学生语言理解和构建的能力

旅游英语实体的内容图式既有共性，又有个性。景点语篇内容都有共同的框定范围：地理位置，占地面积，主要景点区域以及旅游价值等方面。然而，不同的景点又有不同的特征。人们根据它们的不同特征将其分成不同的类型。其中框定的范围是景点语篇内容的重点，也是理解和构建的关键。词语的组合、段落的扩展、语篇的形成总是按照一定的规律在头脑中形成形式图式。旅游英语实体的组合规律主要与时间顺序、空间顺序、主次顺序等与人类经验密切相关的认知顺序相符合。

第七节　小结

本章着重探讨原型范畴理论、隐喻理论、象似性理论、意象图式理论、框架、脚本、图式理论等对旅游英语教学的指导作用，并提出了具体的教学策略和方法。根据原型范畴理论，语言的基本层面是教学的重点，以基本层面中的原型为基础，可以构建新的词汇、句子和语篇；家族相似性为范畴成员联系的纽带，理解的桥梁；新的词汇、句子和语篇是家族相似性与新语篇特征融合的产物，在此研究的基础上，从教学路径和教学过程两个方面，构建词汇、句子、语篇原型范畴教学模式，这样可以迅速培养学生语言迁移能力。隐喻理论对旅游英语语言教学很有实用价值。隐喻的修辞功能使旅游语言简练、形象、生动；隐喻的语言学功能表现在可以弥补旅游英语词汇空缺；隐喻的认知功能体现在它是人类思维的基本方式，是人类组织概念系统的基础；隐喻的社会功能可以弥补中西文化之间的差异，能够缩小导游和游客之间的心理距离。在这一章重点研究了旅游英语中隐喻的构建规律，指导学生掌握隐喻构建的规律，以便他们能够灵活地驾驭隐喻，使旅游英语表达得体，而语言表达形式尽量丰富和生动。根据旅游英语隐喻构建的特点，可以把隐喻的构建分为常规构建和跨文化构建。常规构建避免文化差异。跨文化构建应遵循异国文化传统。旅游英语隐喻常规构建就是利用源域和目标域之间的相似性构建隐喻，特点是该隐喻的始源域属于世界上普遍存在的事物，说话双方都非常熟悉。因此可以避免因文化差异而导致分歧或不理解。旅游英语句式中的隐喻跨文化构建，特点是始源域和目标域具有各自不同的地方特色和文化差异；当目标域属于游客不熟悉的事物时，导游必须架起理解的桥梁，选择游客非常熟悉的事物作为始源域，也就是说按照对方的文化习俗进行隐喻构建。象似性理论对旅游英语语言的教学具有指导作用。顺序象似性原则让学生了解旅游英语语言表达的顺序性特征，有助于学生记忆、提取以及主动生成语言；数量象似性原则为旅游景点特征意义的补充、语言文化意义的补充以及礼貌、委婉语气的表达提供指导；对称象似性原则为旅游英语排比句、对偶句的构建提供理论指导；其中的排比句中并列结构常相同或类似，意义相关语气连贯，使语气由轻到重，由低潮到高潮；能表达一种强烈的感情，能造成一种突出，能给人一种均衡美；其中的对偶句中结构工整匀称、具有节奏感深受游客喜欢；它还是表示对比关系的有效手段。非对称象似性原则为旅游英语中突显信息的表达提供指导。意象图式是对事物之间基本关系的认知基础上所构成的认知结构，是反复出现的对知识的组织形式，是理解和认知更复杂概念的基本结构。旅游英语段落的构建与基本的意象图式有密切的关系。在长期的语言表达实践中，段落的表达已经形成了一些有序的知识结构，我们顺从这些规律并抽象出一系列模式：辐射式扩展模式、链条式扩展模式、发散式扩者模式、平行式扩展模式、外延式突显模式和内嵌式突显模式。这些模式使抽象的语言表达具体化。根据模式构建语言，可以保证语言组织有纲可依，有目可从。同时，可以克服重点不明、语无伦次等情况。框架、脚本、图式理论有助于旅游景点语篇的构建。框架、脚本理论为旅游情景语篇的构建提供了基本的程序框架；图式理论为旅游景点语篇的构建提供了内容框架和结构框架。这些理论能使语言清晰、表达经济、知识有条理，同时使语言表达有了一定的预测性。

第八章

习　得

旅游英语语言习得是一种积极的认知活动,因此语言的习得必须遵循语言发展的规律。一方面认知语言学理论能有效地阐释旅游语言发展的规律,另一方面它与认知学习理论相结合有利于习得者寻找有效的习得路径、习得方法、习得策略,从而提高习得效果。本章主要以旅游英语语言的认知基础为依托,抽象出语言习得的认知规律,再以认知规律为基础,探索习得能力培养的路径与方法,其中包括认知能力、语言表达能力和语言应用能力培养的路径与方法,最终目的使学生获得可持续发展能力。

第一节　习得的认知基础

一、经验基础

普通英语是英语语言的共核部分。语言的共核部分是大多数人必须使用的那部分语言。这部分语言不受个人身份、地位、职业、年龄等的影响,在词汇、句子、语篇的表达中不存在显著差异。旅游英语属于语言,与普通英语有必然的联系。一方面普通英语是学习旅游英语的基础;另一方面旅游英语属于专门用途英语的一个分支,语言具有自己的特征和规律。旅游语言主要有三条习得路径。第一,兼并普通英语中的部分内容,成为旅游英语语言表达的基础;第二,改造普通英语中的部分内容以便适应旅游语境;第三,旅游专业知识与普通英语中的部分内容融合形成旅游英语语言中的特色语言,使旅游语言具有鲜明的个性特征。

二、理论基础

(一)认知学习理论

学习理论大体可分为行为主义理论(behaviorism)和认知理论(cognitive theory)两大理论体系。行为主义学习理论曾在心理学领域长期占据统治地位,并对教育有过极大的影响,但也受到了各方面的批评。美国著名心理语言学家乔姆斯基(N. Chomsky)就曾针对斯金纳的《言语行为》一书提出了有力的批评。乔姆斯基认为用行为主义方法分析语言必定失败,因为它分析的只是言语表达的表面特征,而只有分析语法的深层结构才能揭示言语中的大量规律。虽然行为主义方法包含的许多合理部分如强化规律等,仍在语言教学中发挥着重要作用,但长期在语言教学中占据统治地位的行为主义思想已明显失去优势。

从20世纪50年代起,认知学派开始转向对内部认知过程的研究,成为行为学派的对立派。认知心理学家认为,环境只提供潜在的刺激,至于这些刺激能否引起以及引起何种反应则要取决于学习者内部的心理结构。认知学习理论的主要代表观点有格式塔理论、托尔曼的信号学习理论、皮亚杰的建构论和认知图式理论、布鲁纳的发现学习理论、奥苏贝尔的认知—同化学习理论和加涅的信息加工认知学习理论,其共同特点是:强调学习是通过对情境的领悟或认知而形成认知结构来实现的,主张研究学习的内部条件和内部过程。认知学习理论认为,学习不是在外部环境的支配下被动形成刺激(S)—反应(R)联结,而是主动地在头脑内部构造认知结构;学习不是通过练习与强化形成反应习惯,而是通过顿悟与理解获得期待;有机体当前的学习依赖于他原有的认知结构和当前的刺激情境,学习受主体的预期引导,而不是受习惯所支配。

(二)认知语言学理论

语言学理论中的范畴观、原型理论、概念隐喻理论以及意象图示理论对英语词汇教学具有重要作用。Rosch 提出的原型范畴观认为，范畴成员之间的关系不是平等的，每个范畴往往是围绕一个具有典型特征的语义原型辐射而形成，范畴与范畴之间的界限是模糊的。认知语言学理论认为，隐喻是词汇产生新义的方法，是一种基本的认知方式，是借助已知事物去理解未知事物的手段；词汇的多义现象，主要是通过隐喻和转喻等认知手段来实现；其中，多义词词义特征的语义范畴的形成原因是多个意义具有一个共同的意义核心，而这个意义核心使多个意义附着于同一个词汇概念。同样，范畴观、原型理论、概念隐喻理论以及象似性理论对句法教学具有重要作用，并且句法结构跟人的经验结构的自然联系已经体现到句子各个层面。认知语言学中的象似性理论不仅能阐释句子成分的调整、句型的演变和转换，还可以用来阐释句子成分的衔接以及句子间的衔接。意象图示理论是段落扩展的理据，脚本理论的学习有助于情景会话的构建，原型范畴理论是语篇归类、语篇生成的理据，图示理论有助于语篇的理解和构建。它分为内容图示和形式图式，内容图式有助于景点内容的规范，形式图式有助于语料的合成。

第二节 习得的认知规律

旅游英语习得是在普通英语基础上的习得。一方面，旅游英语属于语言，与普通英语有类似的语言形式；另一方面，因为旅游英语是一种具体语境中的语言，习得有明确的目的，表达的内容和形式又存在差异。因此，旅游英语习得要以现有的词汇、句子、语篇知识为基础，找出原型，以原型为基础，通过隐喻、转喻等认知方式，并顺从人类的认知经验、认知模式，通过引申、模仿、整合等方式获得旅游语言。

一、语言实体表达通用公式

旅游英语语言实体表达通用公式是在认知语言学理论的指导下，通过对语言实体（词汇、句子、语篇）语料的大量收集、分析得出的结果，这一部分也是对前面几章分析结论的归纳与整合，通用公式如下：

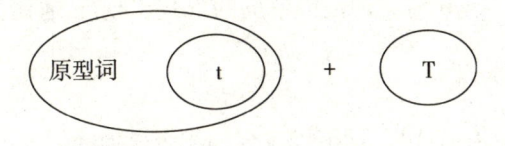

$$\text{原型词}(t) + (T)$$

图 8-1 旅游英语语言实体表达通用公式

公式说明：

1. (原型词)指习得者已经掌握的实体（词汇、句法、语篇），并且它代表的实体是基本层次范畴中的典型成员。

2. (t)代表原型词内部的语言成分，其中 t 是一个变量，并且 t ≥ 0。

3. + 代表整合的意义，即前一部分与后一部分的整合。

4. (T)代表原型词外围语言成分，它的位置可前可后，其中 T 是一个变量，并且 T ≥ 0。

（一）通用公式在词汇中的表现

通用公式在词汇中的表现如下：

1. (原型词)指习得者已经掌握的词汇，并且该词汇在基本层次范畴中是典型成员，具有典型意义。

2. (t)代表原型词内部新增加的词缀或被兼并的词汇，其中 t 是一个变量，并且 t ≥ 0。

3. + 代表整合的意义，即前一部分与后一部分的整合。

4. (T)代表原型词外围语言成分，主要指旅游语境中的词汇，其中 T 是一个变量，并且 T ≥ 0。

条件分析：

1. 当 t = 0，T = 0 时，词汇以单词的形式出现，通用公式最简单，即 (原型词)。如 tour。

2. 当 t > 0，T = 0 时，词汇以派生词或合成词的形式出现，通用公式为 (原型词+词缀或新词)。如 touring, tourist, tourism, etc。

3. 当 t = 0，T > 0 时，词汇以词组的形式出现，通用公式为 (原型词) + (T)。如 tour menu, tour group, tour package, etc。

4. 当 t > 0，T > 0 时，词汇以词组的形式出现，通用公式为，(T) + (原型词+词缀或新词)。如 tourism policy, tourism product, tourism receipts, etc。

（二）通用公式在句子中的表现

通用公式在句子中的表现可以从四个方面进行阐释：

1. (原型词) 指习得者已经掌握的句子或句型，并且该句子在基本层次范畴中是典型成员，具有典型意义。

2. (t) 代表原型句内部新增加的附加成分，如同位成分，状语成分，包括短语和小句，其中 t 是一个变量，并且 t ≥ 0。

3. + 代表整合的意义，即前一部分与后一部分的整合。

4. (T) 代表原型句外围语言成分，主要指旅游语境中的新的句子，其中 T 是一个变量，并且 T ≥ 0；并且 T 的信息比 t 表达的信息尤显主要，而且 T 可以放在原型句之前或之后。

条件分析：

1. 当 t = 0，T = 0 时，句子以简单句的形式出现，通用公式最简单，即(原型句)。如 It is much more beautiful in the south in Winter.（原型句）

2. 当 t > 0，T = 0 时，语言实体以单句或复句的形式出现，通用公式为(原型句+短语或小句)。如单句：Due to the weather conditions.（t），It is much more beautiful in the south in Winter.（原型句）（钱中丽，王宏建，1999：108）如复句：If it is sunny.（t），It is much more beautiful in the south in Winter.（原型句）

3. 当 t = 0，T > 0 时，句子以句组的形式出现，通用公式为(原型句) + (T)。如：It is called "cross talk".（原型句）It is similar to the comic show.（T）（钱中丽，王宏建，1999：108）西方人对"相声"可能概念模糊，于是增加一个句子，即引入西方人熟悉的"滑稽表演"的概念进行类比，这样西方人就容易理解了。

4. 当 t > 0，T > 0 时，语言实体以句组的形式出现，通用公式为(T) + (原型句+短语或小句)。如 Due to the weather conditions（t），It is much more beautiful in the south in Winter.（原型句）Thus it is better to go touring in the south this time.（T）（钱中丽，王宏建，1999：108）。导游通过增加 T 这个句子，就顺理成章地补充了自己说话的意图，这个意图就是建议游客去哪里旅游。

（三）通用公式在语篇中的表现

通用公式在语篇中的表现也可以从四个方面进行阐释：

1. (原型语篇)指习得者已经掌握的语篇，并且该语篇在基本层次范畴中是典型成员，具有典型特征。

2. (t)代表语篇中的特征成分，如政治意义、历史意义、民族

159

特色、建筑风格等，常指同一语篇范畴成员之间的差异性；其中 t 是一个变量，并且 t ≥ 0。t 的信息主要渗透在新的旅游语篇中，常常以句子或句组的形式成立。

3. + 代表整合的意义，即前一部分与后一部分的整合。

4. ⓣ 代表语篇中的外围特征成分，这种成分非常显著，可以引起语篇范畴类型的改变；其中 T 是一个变量，并且 T ≥ 0；并且 T 的信息比 t 表达的信息尤其显著，而且 T 在新的旅游语篇中常常表现为相互关联的句组或者特征意义表达单独成段。

条件分析：

1. 当 t = 0，T = 0 时，原型语篇在同类语篇中相似性较多，声望高，为人们所熟悉和了解，通用公式最简单，即 (原型语篇)。如下面为武陵源景区语篇主要内容框架：

Wulingyuan

① Location: Wulingyuan is located in the northwest corner of Hunan Province, next to Cili County in the east, Yongding District of Zhangjiajie City in the south, and Sangzhi County in the northwest.

② Size: the total area amounts to 369km². There are more than 300 scenic spots, 3,103 peaks about 500 – 1,100 m above sea level, with the height ranging from scores to hundreds of meters.

③ Scenic Features: The scenic area is distinguished for the quartzite sandstone peaks rare in the world and well known for its five wonders of spectacular peaks, grotesque rocks, secluded ravines, graceful waters, and limestone caves. The most characteristic of Wulingyuan is the pillars and peaks. Moreover, the region is also noted for the fact that it is home to a number of endangered plant and animal species.

④ Status and reputation: Wulingyuan scenic area is reputed by the visitors as "Fairy World and Terrestrial Heaven", "No. 1 miraculous mountain under the sky", and "an enlarged bonsai and minified fairyland". In December of 1992, UNESCO inscribed it on World Heritage List as a natural heritage. In February of 2004, Zhangjiajie National Geopark was approved by UNESCO as a site of the World Geological Parks on its list of World Network of Geoparks.

武陵源属于世界自然遗产,是中国自然遗产中的精华,它在中国乃至世界都享有很高的声誉,可谓家喻户晓。把它作为原型语篇是比较合适的。

2. 当 t>0, T=0 时,语言实体以单句或复句的形式出现,通用公式为(原型语篇+景点特色特征)。如下面为黄山景区的语篇框架:

Mt. Huangshan

① Location: Mt. Huangshan is Located in the southern part of Anhui Province.

② Size: The total area amounts to 1,200km^2, and the central scenic zones cover 154km^2.

③ Scenic Features: 72 strangely shaped peaks such as Celestial Capital Peak, Lotus Peak and Brightness Apex, <u>and four wonders of strange pines, grotesque rocks, cloud seas, and hot springs. Moreover, since the prime of Tang Dynasty to the later years of Qing Dynasty, roughly about several hundreds pieces of prose and over 20,000 poems are composed on the topic of Mt Huangshang.</u>

④ Status and reputation: In December of 1990, UNESCO included Mt Huangshan on their World Heritage List as a property of the world, <u>for both its natural and cultural values.</u> In February of 2004, Mt Huangshan National Geological Parks on its list of World Network of Geoparks.

黄山属于世界自然与文化双重遗产,所以在语篇中既要强调自然特征

161

又要强调人为景观特征。黄山景区的语篇框架中的画线部分就是人文特征的体现。

3. 当 t = 0，T > 0 时，与原型语篇相比，新语篇类型发生改变。通用公式为 ⟨ T ⟩ + ⟨ 原型语篇 ⟩。其示例如下（选自朱华，2004：262）：

The Guyu Lake

① Location：The Guyu Lake Scenic Area is located in the central part of Longchang County, 220 kilometers from Chengdu, and covers an area of 61 square kilometers.

② Size：The Guyu Lake has a perimeter of 32 kilometers, covers an area of 6,333 mu, <u>and holds reserves of water to a volume of 50,000,000 cubic meters</u>.

③ Scenic Features：Lake Scenic Area consists of here major parts: the Guyu Lake, the Yunding Mountain Village, and the Shengdeng Mountain, with more than 100 scenic spots. It is an ideal place for travel, recreation, entertainment and holidays. <u>Visitors can enjoy crystal clear water</u>, blue skies, green hills, dense woods and many man – made attractions which are designed to fascinate tourists.

④ Status and reputation：It is a provincial scenic area of Sichuan Province.

前面的原型语篇武陵源和黄山，着重于对山的描写，而"古宇湖"着重于对湖的描写，景点的范畴类型由景观语篇范畴变成水景语篇范畴。上面画线部分内容突出显著特征。

4. 当 t > 0，T > 0 时，语言实体以句组的形式出现，通用公式为 ⟨ T ⟩ + ⟨ 原型语篇+景点特色特征 ⟩。其示例如下（朱华等，2004：303 – 307）：

Lake Lugu

① Location：Lake Lugu is located between Yanyuan County in Sichuan

Province and Ninglang County in Yunnan Province, 258 kilometers from Xichang, and 830 kilometers from Chengdu.

② Size: The Guyu Lake covers an area of 52 square kilometers, 2,685 meters above sea level. The average depth of the lake is 45 meters and the deepest point is 93 meters.

③ Scenic Features: Lake Lugu is world famous for its beautiful natural scenery and <u>its old and mysterious custom of a "walking marriage"</u>. It is a unique tourist destination in China and even in the world for its ageless social habits, exotic folk customs and primitive culture.

④ Status and reputation: <u>Lake Lugu is provincial scenic spot in Sichuan. The community of Lake Lugu is the only existing matriarchal society in the world. The custom of the "walking marriage" is a "living fossil" for the study on the evolution of human marriage.</u>

"泸沽湖"和"古宇湖"都属于强调水景的语篇，它们具有许多相似性，但"泸沽湖"民族文化特征突出，其中，画线部分内容突出显著特征。

二、通用公式在习得中的价值

旅游英语语言实体表达通用公式是在认知语言学理论的指导下，通过对语言实体（词汇、句子、语篇）语料的大量收集、分析得出的结果。

（一）具有普适性特征

该公式适应于旅游英语词汇的表达，可以用来表示所有的词汇存在形式，包括派生词、合成词和词组。该公式也适应于旅游英语句子的表达，它不仅适应于基本层次范畴的简单句，也适应于复合句、并列句以及句组等。该公式还适应于旅游英语语篇的表达，可以表示语篇的构建框架。前面已经对这些内容进行了详细的分析，不再重复。总之，该公式具有普适性特征。

（二）符合旅游英语语言认知演变规律

旅游英语语言认知演变规律可以用图8-2来表示。其中，语言实体的演变包括语义和结构两个方面。认知演变分成三个阶段来进行：第一阶段为基础阶段，即处于基本层次范畴的原型实体在语义结构不变的情况下发生语义的演变。但当处于基本层次范畴的原型实体难以满足新的语义演变的条件时，原型实体的内部结构就发生变化，成为次原型，进入第二阶段。同样，在这一阶段处于基本层次范畴的次原型实体在语义结构不变的情况下发生语义的演变。此外，处于基本层次范畴的次原型实体当通过一般演变难以满足新的语义演变的条件时，次原型实体的外围结构又发生变化，并成为新的次原型，进入第三阶段。如此演变，以至无穷。这演变的过程不仅符合语言演变认知观，也符合唯物辩证法的发展观。每一阶段的内部演变都包括量变的过程，即语义的演变，但没有引起语义结构的变化。而从一个阶段进入另一个阶段是一个质的飞跃，即在语义结构的变化的情况下，引起语义的演变。

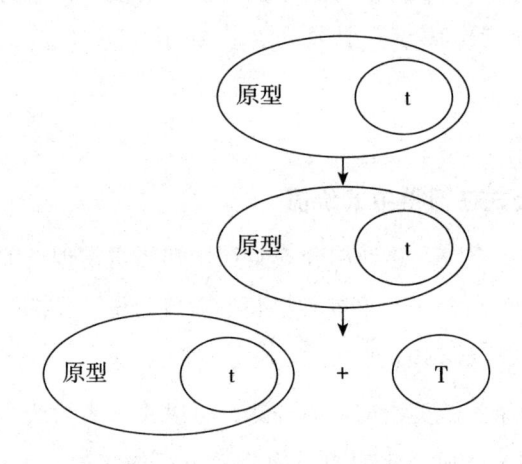

图8-2　旅游英语语言演变模式

1. 在词汇方面

旅游英语词汇演变规律可以用图8-3来表示。其中，词汇演变包括语义和结构两个方面。第一阶段处于基本层次范畴的原型词在语义结构不变的情况下发生词义演变,如一词多义现象。但当单纯的词义演变难以满足新的语义演变的条件时,词汇内部结构就发生变化,如加词缀成为派生词或者与新的语境词形成合成词,成为次原型,进入第二阶段。同样,在这一阶段处于基本层次范畴的次原型词在语义结构不变的情况下也发生语义的演变。此外,处于基本层次范畴的次原型词当通过一般演变难以满足新的语义演变的条件时,次原型词外围结构发生变化与其他语境词形成词组表达新的词汇意义,并成为新的次原型,进入第三阶段。如此演变,形成词汇网络。随着旅游事业的发展,新的语境不断出现词汇,网络更加复杂。

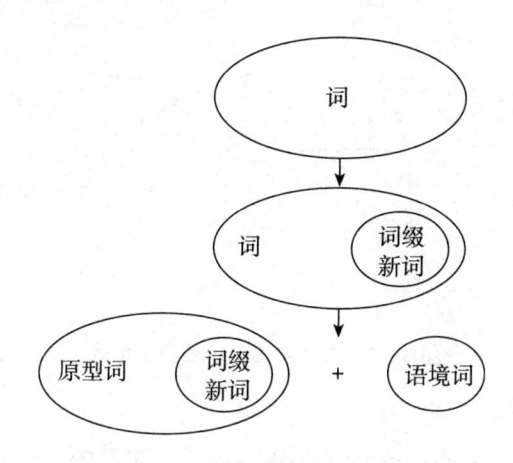

图 8-3　旅游英语词汇演变子模式

2. 在句子方面

旅游英语句子演变规律可以用图 8-4 来表示。第一阶段处于基本层次范畴的原型句在语义结构不变的情况下,随着旅游语境的改变发生句子意义的变化,出现一句多义现象。但当单纯的句义演变难以满足新的语义演变的条件时,句子内部结构就发生变化。如在不改变句子类型的情况下增减语言成分进入第二阶段。同样,在这一阶段处于基本层次范畴的次原型句在语义结构不变的情况下也会随着语境的不同发生语义的演变。此外,处于基本层次范畴的次原型句当通过一般演变难以满足新的语义演变的条件时，次原型句外围结构发生变化与体现语境的句子按照一定的次序组合，成为句组，进入第三阶段。经过三个阶段的变化，句子从简单句到复句到句组，语言结构逐渐扩展，表达旅游语境意义。

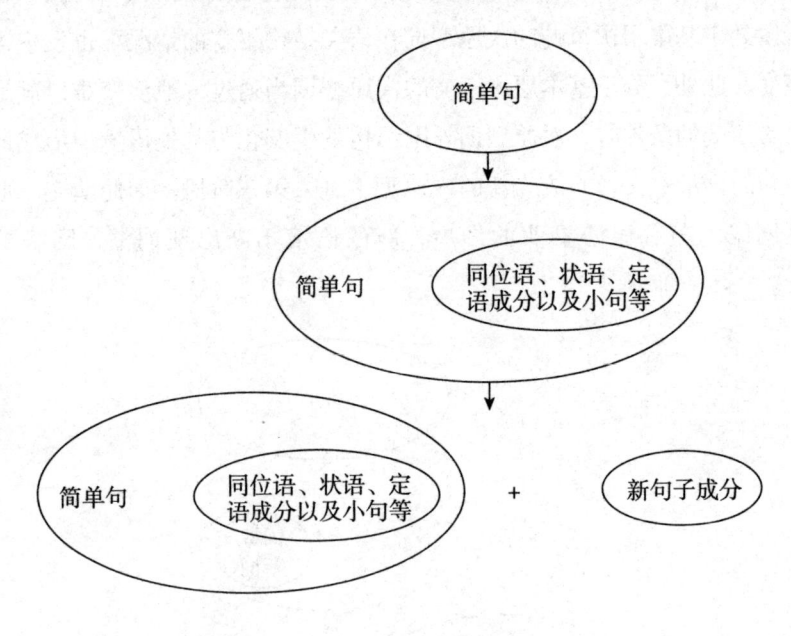

图 8-4 旅游英语句子演变子模式

3. 在语篇方面

旅游英语语篇演变规律可以用图 8-5 来表示。第一阶段处于基本层次范畴的原型语篇在形式图式不变的情况下，增加语篇中的语言成分突显语境特征意义。但当单纯的内容增减难以满足新的语境条件时，语篇的形式图式就要进行适当调整，语篇范畴类型可能呈现下移趋势形成次原型，语篇的演变进入第二阶段。同样，在这一阶段处于基本层次范畴的次原型语篇在形式图式不变的情况下也会随着语境的表达不同的语义。此外，处于基本层次范畴的次原型语篇当通过一般演变难以满足新的语境要求时，次原型语篇的外围结构发生变化形成新的文体结构，进入第三阶段。即经过三个阶段的变化：语篇内部结构的变化，语篇范畴类型的变化，书面语篇与情景语篇的互化。

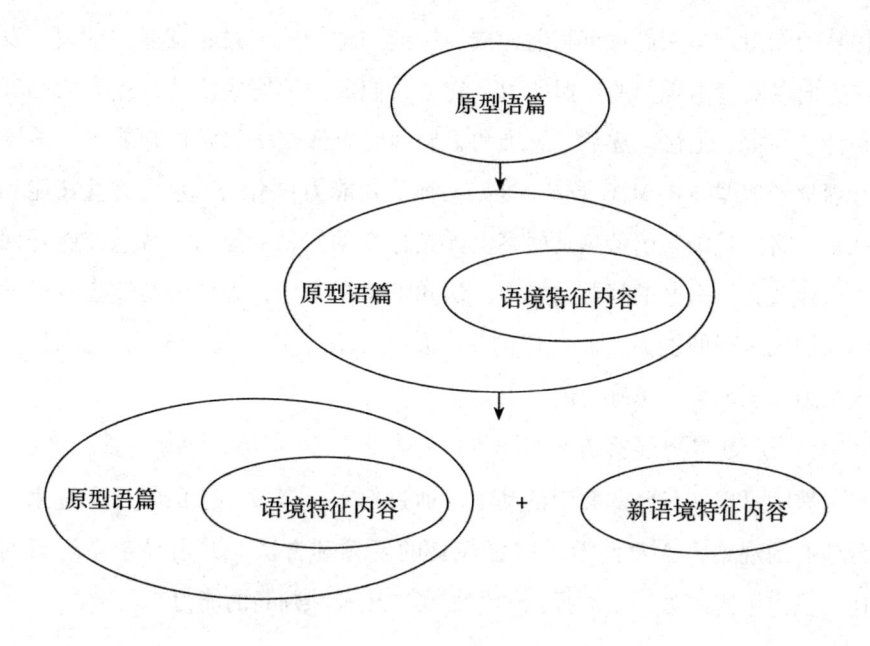

图 8-5　旅游英语语篇演变子模式

第三节　认知与习得能力

认知学习理论是通过研究人的认知过程来探索学习规律的学习理论。人是习得的主体，人类获取信息的过程是感知、注意、记忆、理解、问题解决的信息交换过程，人们对外界信息的感知、注意、理解是有选择的，学习的质量取决于效果。旅游英语语言的习得要以认知语言学理论为指导，遵循旅游语言发展的认知规律，选择正确的认知方式，重点培养认知能力、语言表达能力和语言应用能力。

一、习得者认知能力培养

认知能力与语言有密切的关系。认知能力是指人脑加工、储存和提取信息的能力，即人们对事物的构成、性能与他物的关系、发展的动力、发展方向以及基本规律的把握能力。它是人们成功地完成活动最重要的心理条件。知觉、记忆、注意、思维和想象的能力都被认为是认知能力。美国心理学家加涅（R. M. Gagne）提出三种认知能力：言语信息、智慧技能和认知策略。其中言语信息是回答世界是什么的问题的能力；智慧技能是回答为什么和怎么办的问题的能力；认知策略是有意识地调节与监控自己的认知加工过程的能力。而具体的认知能力的培养主要指观察力、注意力、记忆力、想象力、思维力的培养。

（一）习得者观察力的培养

教师可以在日常的教学活动中，通过培养、激发学生的学习兴趣来培养他们的观察力，要使学生掌握观察的要领和方法，并引导学生进行对比，找出不同之处，从而提高学生观察、比较和判断的能力。

（二）习得者注意力的培养

首先，要运用有意注意的规律，帮助学生明确主题。有意注意是服从于活动目的和任务的，学生对活动的目的和任务认识越明确、越深刻，从事活动的愿望就越强烈，注意也就越能集中到与该活动有关的事物上。

其次，加强对学生的意志锻炼，特别要加强学生自制力的培养。教师要有意识地培养学生坚定的自制力，使他们能够在各种复杂的环境中和困难的条件下，集中注意力，进行学习，教师要善于利用一些有益的无意注意，使之与有意注意配合，共同参与学生的学习活动。

（三）习得者记忆力的培养

记忆是通过识记、保持、再现（再认或回忆）等方式，在人的头脑中积累和保存个体经验的心理过程。（伍新春，2001：178）记忆包括"记"与"忆"两个方面，"记"体现在识记和保持上，"忆"体现在再认和回忆上。（伍新春，2001：179）对于记忆力的培养，教师主要加强意义记忆力的培养，尽量引导学生在理解知识的基础上进行意义识记，因此在记忆过程中遵循记忆和认知的规律，可以提高旅游语言学习的认知效率。

有意识记，提高记忆效果。一般来说在其他条件相同的情况下，识记的效果随所识记材料数量的增加而降低。（伍新春，2001：186）因此，通过组块、分类或分期进行可以减少同时识记的数量。在旅游英语习得过程中，习得者要善于归纳和利用。例如，旅游英语语言实体表达通用公式是我们在认知语言学理论的指导下，通过对语言实体（词汇、句子、语篇）语料的大量收集、分析得出的结果，用这个公式基本上能表达主要的语言实体以及它们的变体，并且通过分析，该公式还能归纳实体演变规律。利用公式习得语言知识，可以容纳无限的语言信息，此外由于比较直观，比抽象概括的言语材料效果好。但要讲究对语言材料的理解度。意义识记有利于提高识记效果。也就是说，习得者要根据语言演变的规律进行识记。词语的构造、词义的演变、词组的扩展，句子的形成、句子的演变、句子的组合，段落的扩展、语篇的组织和构建都是按照一定规律形成的，各实体内部之间，实体与实体之间都存在必然的联系，形成一个连续体。我们认为，加强对这些知识的理解和应用有利于提高识记效果。

　　促进保持，防止遗忘。知识的保持是识记过的经验在人们头脑中的巩固过程，也就是信息的存储过程。旅游英语知识保持与存储信息的组织形式有多种多样。在词语搭配方面，有链条式搭配、辐射式搭配、并列式搭配、综合式搭配等；在句子的组织中，句子的结构总是按照人类的经验结构来组织的。组织原则基本上与认知语言学中的象似性原则一致，如顺序象似性原则、数量象似性原则、接近象似性原则、对称象似性原则、非对称象似性原则等。在语篇方面，段落的扩展有一定的规律，可以形成多种模式：辐射式扩展模式、链条式扩展模式、平行式扩展模式、发散式扩展模式等；在旅游英语景点语篇构建中，主要考虑两种图式：一种是内容图式，另一种是形式图式。景点语篇内容都有共同的框定范围：地理位置，占地面积，主要景点区域以及旅游价值等方面。此外，语篇是有序的整体，它总是按照一定的顺序组织构建的。旅游英语语篇的形式图式构建主要与时间顺序、空间顺序、主次顺序等与人类经验密切相关的认知顺序相符合。这些知识有利于知识的保持与存贮。网络的组织是人们语义记忆的主要方式，人类的概念和命题可以按网络组织贮存在记忆系统中。例如，我们可以按照词义演变的规律形成语义演变网络，也可以以旅游语境中的典型词汇，形成语义演变网络，如第三章图3-7构建了"cook"语义综合型演变型演变网络，有利于"cook"体系词汇的保持与存贮。此外，促进保持，防止遗忘，还必须注意学习动机、学习方法、学习程度等方面综合考虑。

（四）习得者想象力的培养

教师对学生想象力的培养主要是丰富学生头脑中记忆表象的储备，可以通过各种途径来实现，如培养学生细致、敏锐的观察力，让学生参加一些有益的社会实践活动，组织学生进行参观、旅行、调查、访问等活动。同时，重视学生对必要的知识与经验的掌握，结合教学情景让学生展开想象练习，并且能够控制好学生发挥想象力的空间与范畴。

（五）习得者思维能力培养

一是注重创设文体情景，激发学生思维主动性和积极性；二是在教学中采用民主的教学方法，培养学生思维的独立性和灵活性；三是恰当地运用启发式教学，引发学生积极而有效的思维；四是指导学生克服定势对思维的消极影响；五是重视发散思维的训练，培养学生的创造性思维能力。综合实践活动课有着自己显著的特点和优势，它对教师的综合素质要求很高，尤其是在课堂调控上，教师想要有效地培养学生认知能力，必须努力提高自己的课堂调控能力。

二、习得者语言能力培养

语言能力包括语言理解能力与语言表达能力。语言理解包括词汇理解、句法理解以及语篇理解。语言表达能力包括词汇表达能力、句型表达能力和语篇表达能力。旅游英语语言实体的理解要遵循旅游语言发展的认知规律，掌握语言之间的内部联系和存在的理据。同样，语言的表达也是以人类认知经验为基础的。我们获得的知识主要来自人的身心体验、基本的认知模式、基本的分类和基本等级范畴（Basic Level Category）。体验在我们的生活中是非常重要的，以我们获得的经验为基础，我们就可以逐渐地理解我们周围的世界。旅游英语是专门用途英语的一个分支，是一门具体语境中的语言，是自然与语言的融合。在语言表达中，既存在普通英语的共性，又有自己的特征。旅游英语特征的形成同样受到人的身心体验、理想认知模式（Idealized Cognitive Models，简称 ICMS）和原型范畴等心理表征的影响，其中理想认知模式包括意象图式（简单的理想认知模式）、隐喻模式和转喻模式、图式、框架或脚本（复杂的理想认知模式）等。认知图式是认知语境心理表征，是认知语境中缺省语境的存在形式。人们常把有关事物和行为的知识、命题集中在一起，形成抽象的结构，以缺省的方式储存在记忆中。总之，语言能力的培养都离不开认知语言学理论的指导。

（一）认知与词汇习得

词汇是语言中的一个重要成分，然而也是学习中最枯燥的部分。传统的词汇习得强调死记硬背，落后于时代。根据认知语言学的观点，学习者习得旅游英语词汇时，应在现有的普通英语的基础上，根据词内、词间的逻辑联系理解、记忆、改造、扩展普通英语词汇体系，最终构建一个完整和完善的旅游英语词汇体系。在词汇习得过程中，要重视基本层次范畴词的学习，重视多义词的讲解，重视词汇的搭配规律。这样才能明白学习重点，习得针对性强；顺从词义内部联系，实现有意识记，提高记忆效果；顺从词汇的组合的规律，迅速扩大词汇量。

1. 加强认知语义学知识的导入

认知语义学认为，语义是从语言表达到概念结构的映射，这种映射表明语言表达和概念结构之间是相互联系的，在前面已经归纳了旅游英语词义演变规律，这些规律可以帮助学生示范性地了解专门义和引申义之间的一些联系。词义演变规律能使习得者从认知的角度理解一词多义现象，可以帮助习得者用有限的词汇表达更多的意义。根据 Meyer 的观点，词的认知包括三个阶段：编码和表征阶段，词汇音、形、义的匹配和取词阶段，词汇的产出阶段。(武雪霜,2006:115)词义对于大脑词库词汇的储存有重要的影响,往往相互关联的词汇储存在一起。例如,处于同一语义场的词汇往往在大脑中储存在一起;当大脑中的某个单元被激活,与它有联系的其他单元连续被激活。当我们一提到"水果语义场",大量的水果词汇就会被激活:apple,apricot,date,lemon,mango,orange,pear,peach,pineapple,etc。具有上下义关系的词汇常常储存在一起,如人们一提到生物就会激活它的许多下义词,在输出之前,在大脑中形成一个词汇网络。当然如果缺乏这方面的经验知识,就不会有系统的词汇网络生成。其网络图示如下:

```
                  animal: dog, pig, horse, fish, chicken, etc.
         creature
living            insect: butterfly, dragonfly, moth, spider, etc.
things
                flower: rose, carnation, peony, lotus, tulip, etc.
         plant→vegetable: cabbage, tomato, pumpkin, cucumber, etc.
                tree: pine, maple, peach, willow, birch, etc.
```

图 8-6　旅游英语词汇网络范例图式

孤立的词很难长期保持。必须充分利用各种语义联系,包括词义演变关系、原型义和次原型义的关系、上下义关系等形成语义联系网络,才容易习得词汇。

2. 加强词汇学知识的导入

词汇的储存方式、加工方式都影响词汇的记忆。英语单词储存在大脑词库中一般以词本身为单位。一些普通英语的词汇知识是掌握旅游英语词汇知识的基础。如词的构成方式中的转类法、合词法和缩略法等用得非常普遍。词汇搭配的规律可以帮助学生迅速扩大词汇量。词汇搭配的理据可以帮助学生理解词与词之间的语义联系,提高记忆效果。因此,词汇学知识的导入,不仅是简单地习得某个词汇,而且是让习得者明白词汇之间的联系和存在的理据,以便迅速扩大词汇量。

3. 学生自主学习能力的培养

词汇有许多特征，它是一个有序的知识体系。因此要告诉学生从多个角度、多个层面归纳词汇的特征，指导和督促学生亲自实践，使他们获得语言的规律。本书主要从语义和结构的角度研究词汇特征，同时也利用认知语用学理论、词块理论等研究词汇特征，还可以让学生进行一些词汇的个案分析。这样不仅巩固了知识，而且可以培养学生可持续发展的能力。

4. 加强语境知识的导入

加强语境知识的导入，明确语境的类型和各类型语境的含义，以便习得者准确地理解语言的意义。根据上下文语境，可以推导和猜测词义。情景语境可以使词义明确化、具体化，也就是说在具体的语境中一词一般只有一个意义。不同的文化语境往往使词汇呈现出不同的意义。因此，了解文化差异，有助于克服文化障碍。旅游英语中词汇的搭配总是以旅游语境中的高频词为原型，形成大量词语、术语。通过语境知识的导入，可以使学生明确词汇搭配的规律，迅速扩大词汇量。

（二）认知与句子习得

认知语言学认为人类语言的句法构造也是体验的结果，是来自抽象的ICM、建立在意象图式之上的，与人类的认知能力和认知方式密切相关（王寅，2007：194）。旅游英语句子的习得同样需要认知语言学理论的指导，才能提高认知能力，选择正确的认知方式，培养旅游英语句法能力。旅游英语句子习得的主要目的是跨越三个转变阶段：第一，实现从普通英语向旅游英语的转换；第二，从句子表层深入句子的底层；第三，从死记硬背转向灵活应用。

1. 句子类型的演变

句子类型的演变主要从普通英语句子的基本层面向旅游英语句子的基本层面过渡。原型范畴理论是确定句子基本层面和原型成员理论的依据，也是确定句子习得重点的依据。理想认知模式以及认知语言学中的象似性理论为句子意义和句子结构的理解提供了理论依据。同时，为习得者从普通英语向旅游英语的过渡提供了理论基础。

(1) 句子原型的确定

根据句子功能可分为陈述句、疑问句、祈使句和感叹句。它们的原型用法如下。

①陈述句：说明一个事实或陈述一个看法；

②疑问句：提出问题；

③祈使句：表示一项请求、建议或命令；

④感叹句：表示说话时的感叹、惊讶、喜悦、气愤等感情。

(王寅，2007：162—163)

在旅游英语中疑问句非常多。导游设问有多种方法：自问自答、主问客答和客问我答等，要达到灵活使用的目的有许多诀窍，但是万变不离其宗，都有原型例子的存在。看下面的四组句子：

(1) (a) I introduce the customs of Double Nineth Festival. (陈述句的原型例子)

(b) I want to introduce the customs of Double Nineth Festival.

(c) I'd like to introduce the customs of Double Nineth Festival.

(d) May I introduce the customs of Double Nineth Festival？(疑问句的原型例子)

(e) Might I introduce the customs of Double Nineth Festival？

上面5个句子，构成了典型陈述句和典型一般疑问句的连续体，这5个句子具有相似性即都包含了同一个意义主体会做某事，(a) 只表示主体会做某事，但是，(b) 和 (c) 又强调了主体的愿望；(d) 和 (e) 还强调客体的意见。

(2) (a) Package it up！(祈使句的原型例子)

(b) Please package it up！

(c) Package it up, would you please！

(d) Can you please package it up？

(e) Would you please package it up？

(f) Could you please package it up？

上面6个句子,构成了典型祈使句和典型一般疑问句的连续体,这6个句子具有相似性即都包含了同一个意义,要求别人包装东西。(a)只表示主体要求别人做某事;但是,(b)还表示对对方的尊重;(c)、(d)和(e)还强调主体向客体征求意见的意义。

(3) (a) The statue of Chen Yi and his wife stands in the center of the garden. (陈述句的原型例子)

(b) The white-marble statue of Chen Yi and his wife - Zhang Qian stands in the center of the garden.

(c) In the center of the garden stand the white-marble statue of Chen Yi and his wife - Zhang Qian. (倒装句)

上面3个句子构成了典型陈述句和典型倒装句的连续体,这3个句子包含了同一个意义,即介绍了陈毅和他妻子的雕塑在公园中的位置。(a)陈述句:正面陈述其意义;(b)陈述句:增加了语言成分,句子意义更加具体;(c)倒装句:介词短语提前,雕塑的方位得到突显。

(4) (a) This violin playing is called "Liang Zhu". (原型例子)

(b) This violin playing is called "Liang Zhu". They are Chinese "Remeo and Juliet".

(c) This violin playing is called "Liang Zhu". They are Chinese "Remeo and Juliet". It is a love story.

(周玮,钱中丽,王宏建,1999:191)

上面3个句子构成了典型简单句逐渐扩展的连续体,句子数目越多,语言的清晰度越高。这3个句子包含了同一个意义,即小提琴演奏的是一个爱情故事。(a)句:东方人一听就明白其义,但西方人一般不明白其义;(b)句组:有一定文化素养的西方人能明白其义;(c)句组:普通人都能明白其义。

(2) 句子演变的理据

习得句子要弄清楚句子存在和转换的理据,才能达到有意识记的目的。上面4个句组的存在和转换都是有理据的。上面的句组(1)中,句子（a）→（b）→（c）之间的演变，发生在陈述句范畴类型的内部，句子结构基本上没有发生变化，只是句子成分的增减，属于量的变化，没有质的突破，所以语义变化不显著。(c）→（d）从陈述句演变为一般疑问句，句子类型发生改变，所以语义变化显著。(d）→（e），情态动词从一般式变成过去式，表示虚拟意义，语气更加委婉，没有引起质变。以上分析可以用认知语言学中的数量象似性原则来阐释，即信息量越大语言表达越复杂。句组（2）的分析与句组（1）的分析没有显著差异，不再分析。句组（3）中，句子（a）→（b）之间的演变，发生在陈述句范畴类型的内部，句子结构基本上没有发生变化，只是句子成分的增减，属于量的变化，没有质的突破，所以语义变化不显著。（b）→（c）句子从陈述句演变为倒装句，句子类型发生改变，所以语义变化显著。其演变过程可以用非对称象似性原则来阐释，即在认知上突显的信息往往处于话题的位置，因为导游的首要目的是要把雕塑尽快地引入游客的视野，所以方位状语提前得到突显，像这种倒装句在旅游英语表达中普遍存在。句组（4）中，由典型简单句作为原型逐渐扩展为句组的过程；句组的联系由抽象到具体符合语言阐释的规律；此外，也可以用数量象似性原则来阐释，即信息量越大语言表达越复杂。

2. 学习深度的转变

根据以上认知学习理论关于学习的基本观点，国内外研究者们提出应该让学习者了解教学内容中涉及的各类知识之间的相互关系；学习材料的呈示应适合于学习者认知发展水平，按照由简到繁的原则或者分层教学的原则来组织教学内容，使各个程度的学生能在同一集体中都能得到一定发展；学习以求理解，寻求语言事实的理据，才能有助于知识的持久和可迁移；向学生提供认知反馈信息，及时纠正学习中的错误；学习者制定明确的学习目标；学习材料以归纳序列提供，学习材料应体现辩证冲突，适当的矛盾有助于引发学习者的高水平思维，促使语言思维从表层深入到语言的底层。实现从句子表层深入到句子的底层。因此，习得者不仅要掌握旅游英语句法的基本规律，而且，要明白它存在的理据和顺从习得发展演变的规律，寻找正确的学习方式。

3. 学习方式的转变

学习方式即语言习得认知方式。认知方式的不同会影响习得者如何处理习得任务，如何有效完成习得任务。以现有的认知体验为基础。一般的旅游英语习得者对普通英语的句法知识有比较清楚的理解；但旅游英语的学习方式应该不同于普通英语的学习方式。普通英语是旅游英语学习的认知基础。我们要熟悉旅游英语中一些常用的句子、句型，为表达较复杂的意义提供语言学习原型，但是又不能盲目地套用。俗话说："在什么山上唱什么歌"。旅游英语句型的使用既要结合句型的功能特点，又要结合具体的语言语境，还要结合游客的身份特征。

灵活使用祈使句。在旅游英语的许多情景中是忌讳使用的，但是在一些特殊情况下，它能发挥特殊的功效。例如，在提醒游客注意人身、财产安全时，在危害他人人身财产安全时，在事情紧急或情况危急的情况下，都会大量使用祈使句。例如：

（5）Do not drink unboiled water here because it might cause you sick（杨梅，2004：111）

（6）Be quick. The train will leave for the next stop only in 5 minutes.（周玮，钱中丽，王宏建，1999：109）

（7）Here is the fare, keep the change.（周玮，钱中丽，王宏建，1999：91）

（8）Look at the waterfall. How beautiful it is!（周玮，钱中丽，王宏建，1999：75）

灵活使用疑问句。疑问句的使用可以造成悬念、引起游客的注意、激化他们的好奇心，促使他们去了解问题的答案，从而产生共鸣，加深印象（杨梅，2004：110），但是盲目地使用疑问句也会引起反感，好像故弄玄虚。

句子的使用要结合游客身份特征。同一句子对不同身份或民族的人可能会产生不同的意义，甚至引起歧义，产生误解。见下面案例：

无礼的忠告

Pearce 教授到中国参加一个会议,回美国时从澳门离开中国。过境后,他注意到一个用中英文写的标识牌:"Passengers with bulky hand baggage or who are disabled or infirm must use the lift."他耸耸肩,对站在旁边的中国人说,"这是善意还是歧视呢?"

中国人说:"是善意,我想是翻译有问题。"

(戴凡,Stephen L. J. Smith. 2003:181)

这里的问题主要是翻译上的,中国人的解释是拿大件或重件者和体弱或伤残者可以用电梯;北美人觉得是对残疾人的命令或规定,觉得自己被人小看。写标识的人似乎把自己当成了残疾人的父辈,而没有把他们看作是能够为自己做决定的成年人,所以,要告诉他们怎么做。实际上,一个指电梯的箭头就可以说明情况。

(三) 认知与语篇习得

1. 积蓄丰富的图式知识

了解语篇构建的背景知识,在头脑中形成丰富的图式,随时准备被激活。背景知识主要包括语篇构建的目的,语篇内容、结构,旅游实体特征以及它的价值、声誉等。例如,简单介绍桂林。为了让游客对桂林有一个大概的了解,我们必须了解下面内容:

①地理位置:位于广西壮族自治区东北部。

②景点特征:境内具有山峰林立、山清水秀、石美洞奇的地理特征;具有亚热带气候特征,年平均气温19摄氏度,是四季宜人的旅游城市。

③景点的地位和声誉:人们常说"桂林山水甲天下"。

2. 积累丰富的语篇构建语料

语篇构建首先要熟悉的语料包括常用的词汇、句型等。景区简介中涉及的常见共核词汇可以分成多个范畴。如方位动词范畴:locate, lie, situate, etc;方位名词范畴:east, south, west, north, northeast, southwest, etc;景点名称名词范畴:name, nickname, fame etc;景点范围名词范畴:capital, city, province, area, section, etc;数量词范畴:million, degree, kilometer, square kilometers, scenic sites, meter, square meters, species, year, hectare, etc. 常见的句型有：

① ×××（地名），the capital of ×××（地名）province, is famous for (well-known) …

② ×××（地名），…, located in (or at, on, etc.) ×××（地名）.

③ ×××（地名），lying in the ×××（地名），is the capital of ×××（地名）.

④ It covers an area of ×××（数字）square meters or square kilometers.

⑤ Its population amounts to ×××（数字）million.

⑥ ×××（地名）has a population of ×××（数字）with ….

⑦ As a Chinese proverb goes "…".

⑧ Its average annual temperature is ….C.

⑨ Its natural beauty attracts … travellers both from home and abroad.

下面是对桂林的简介范例：

Guilin, located on both sides of the lijiang River in the northeast of the Guangxi Zhuang autonomous Region, has gained recognition as embracing the best scenery in the world for its perilous peaks, beautiful mountains and clear waters; its grotesque rocks and peculiar caves. Guilin with its subtropical climate has become a travel destination whose sighs are delightful in all seasons. Its average annual temperature is 19℃.（姚宝荣，2004：330—331）.

范例内容：

① Geographic Location: located on both sides of the Lijiang River in the northeast of the Guangxi Zhuang autonomous Region.

② Features: its perilous peaks, beautiful mountains and clear waters; its grotesque rocks and peculiar caves. its subtropical climate whose sighs are delightful in all seasons.

③ Status and Reputation: Guilin has gained recognition as embracing the best scenery in the world.

3. 掌握语篇的迁移规律

首先，根据目标语篇的要求，确定语篇原型。如果要对景点语篇进行简介，就会激活头脑中的景点语篇图式，并且回忆起熟悉的相应原型语篇中的内容图式：语篇的特点、类型；景区的特征包括地理特征、气候特征等；地位和声誉。如：要求以成都为例，对成都进行简单介绍，头脑中就会在原有的图示的基础上，使新的背景知识与语篇知识整合，对图示中的空缺部分进行填充，于是就会对成都语篇的构建产生比较清晰的思路：成都位于川西平原上；具有土地肥沃、物产丰富的特点，尤其以花著名，特别是芙蓉花；人们称它"天府之国"，又称为"蓉城"。参照范例如下：

Chengdu, lying in the Western Sichuan Plain, is the capital city of Sichuan. It has gained the fame of "Land of Abundance" due to its fertile soil and its plentiful products. Chengdu is also a floral city particularly with hibiscus blooming here and there. Therefore, it's called the Hibiscus City. （姚宝荣，2004：331）

三、习得者语言应用能力的培养

旅游英语语言是一门具体语境中的语言，语言应用能力的培养离不开具体的语言语境。旅游英语习得者已经在听、说、读、写、译等方面都有一定的认知基础、认知能力以及语言表达能力。但是语言学习的目的主要是能在具体的语境中灵活应用语言。

（一）在语言中体现语境

结合具体语境训练语言，使语言具有现场感。语言只有与情景相融合才能体现它的活力。体现语境的常见信号词有表示时间的副词如 Now, today, since, when, as 等，也可以用短语动词、从句以及句子等语言成分导入具体语境。看下面的范例，其中画线部分为语境导入成分。

（9）<u>Now</u>, we're standing in front of Li Bai's Memorial Hall. You may have seen the four characters on the wall screen: Li Bai Gu Li (Li Bai's Hometown). They were written by the late state leader, Deng Xiaoping. (朱华, 2008: 130)

(10) It is burning hot today. I saw some of you were sweating and using frequently the handkerchiefs to wipe off sweat beads from your foreheads. (朱华, 2008: 19)

(11) Since each of you has taken a fan in your hand to cool yourselves, I'd like to talk about the Chinese fan story. (朱华, 2008: 19—20.)

(12) When you took pictures for me outside, I really could not open my eyes. The sun is burning hot. But after I enter the park, I feel very cool now. (朱华, 2008: 95)

(13) Did you have a good sleep? All of you look fresh and energetic this morning. (朱华, 2008: 30)

(14) Now, please watch the opera. Don't forget to cool yourselves with the fans in your hands!

(15) The coach is moving. Please fasten your safety belts! Sit back and relax yourselves! (朱华, 2008: 31)

(16) Listen! The bell begins to toll. One, two, three, four, five, six, seven, eight, nine, ten, eleven, twelve! People start to play the fireworks. Chinese New Year is coming! Every Chinese over the world is celebrating it. Happy New Year! Happy Spring Festival. (朱华, 2008: 34)

(17) Look up, although the top of the holy tree is missing, it is still up to 3.95 meters high. (朱华, 2008: 73)

(18) Look carefully! The tree has three branches, and each of them has three twigs; on each of the twig there is a fruit.

(二) 在语境中理解语言

语境本身是一种活生生的语言, 它不仅可以再现语言的基本意义, 而且可以再现特定的文化意义。下面示例中的画线部分, 表示的就是语言在具体语境中所体现的特定含义。

(19) The Chinese are not only romantic, but also filial to our parents. Since nine is the highest odd digit, people take two of them together to signify longevity. Therefore, the ninth day of the ninth month has become a special day for people to pay their respects to the elderly and a day for elderly to enjoy themselves. It has alos been declared China's day for the elderly—Old Men Festival. (朱华，2008：32)

(20) Would you please sit close around the table? It's time of family reunion and thanksgiving. If you were in a Chinese family, you could observe an important ritual, to offer the sacrifice to their ancestors. This feast is also called "surrounding the stove" or "weilu". It symbolizes family unity and honors the past and present generations. (朱华，2008：34)

(21) Our menu today includes a whole fish, to represent togetherness and abundance, and a chicken to represent prosperity, just to mention a few. Look at the whole chicken! Maybe you are wondering how you could eat them up. There goes a saying, "Eating chinese food means eating Chinese culture." At the banquet of the Chinese New Year's Eve, the chicken must be presented with a head, tail and feet to symbolize completeness. Noodles should be uncut, as they represent long life. (朱华，2008：34)

(22) Guanyin with One Thousand Hands indicates Guanyin is a merciful goddess and tries to help thousands of people who are suffering on the earth. (朱华，2008：110)

(三) 在语境中培养应变策略

在旅游过程中，常常出现各种异常情况，甚至使游客产生反感。这时可以借境进行正面引导。因为，无论什么情况都有它的积极面和消极面，只要用心思考就能够发现。

(23) When the sun is shining in the summer, tourists can see the gorgeous rainbows above it. Now, it is the winter time, the falls become a dazzling dlacial cascade hanging over the steep cliff. (朱华，2008：58)

(24) Don't worry about them! They will not hurt you. The Chinese believe Heng and Ha have the magic power to protect the Buddhist doctrines. （朱华，2008：109）

(25) Did you have a good sleep? All of you look fresh and energetic this morning. （朱华，2008：30）

（四）在语境中熟练语言①

在习得过程中学生在比较真实的语境中进行言语交际。旅游语言的习得，口语训练是核心。为了产生习得，对旅游情景的选择必须有代表性，旅游情景活动尽量在比较真实的语境下进行。在情景操练中，首先着重于语言知识的传授和听能的培养；在言语形成阶段，着重于专业知识、语言技能和口头交际能力的培养。尊重学生的认知能力和语言水平；激励学生积极思考，主动参与语言实践。我们发现2008年我们研究的《视听说课程校内实训模式探讨》（向晓，张春辉，2008：74—77）同样适合于旅游英语情景训练。该模式包括一个总模式，五个子模式；总模式是子模式的整体框架，子模式可以限制参与者的行为；该模式具有多元性、灵活性、针对性、可操作性，有利于习得者培养能力和提高实习实训质量。下面是我们在此基础上改造后的情景训练模式框架。

1. 情景训练总模式：输入→内化→输出→评价

"输入"的过程就是把别人的知识经验传入自己大脑的过程。"内化"的过程就是把获得的知识经验，在大脑中反复加工、模拟、操练转变成自己知识的过程。"输出"的过程就是把已经内化的知识以一定的形式展示出来。"评价"是对输出效果的检测。在这个总模式中强调"内化"和"输出"这两个环节。

2. 情景指导子模式：准备→任务分配→组织活动→总结

"准备"的过程实际上就是实训材料的挑选、"输入"设施的选择和检

---

① 本部分改自作者发表的论文《视听说课程校内实训模式探讨》，载于2008年8月《成都大学学报》。

测的过程。"任务分配"包括组员的确定和各组人员任务的确定。"组织活动"主要是安排整个活动过程、协调各组或组内人员之间的关系。"总结"就是对各组人员对全过程的情况作定性评价，并提出建议。

3. 习得主体子模式：接受→操练或整合→表演或总结→相互评价

"接受"的过程就是学生通过"视"或"听"等方式了解实训材料的内容。"操练"主要是模拟实训材料的内容进行训练，力求达到等同的效果；"整合"就是把获得的知识转变成自己的知识。"表演"就是把自己所看、所听的材料进行口头或书面总结。"相互评价"就是对自己和别人都做出评价，并提出各自的感想以及今后努力的方向。在这个模式中我们强调中间阶段的"操练"和"表达"。

4. 习得主体间互动子模式：优等生→中等生→差生

$$\uparrow \underline{\qquad\qquad\qquad\qquad} \uparrow$$

"优等生⟷中等生""中等生⟷差生"以及"优等生⟷差生"之间的互动主要表现在"前者"可以成为"后者"的学习楷模，"前者"对"后者"的学习可以起指导作用；而"后者"又可以成为"前者"的训练平台，同时"后者"的反馈信息又可以让"前者"发现自己的缺陷和不足。

5. 多元互动子模式：心理互动 ↗上下互动
　　　　　　　　　　　　　　　　↘平等互动

"心理互动"指指导者和习得者之间、习得者与习得者之间的相互理解与配合。指导者应理解习得者的心理特征，包括群体特征和个体特征，指导者的言行基本上符合群体的意愿；对个体的分歧采取个别疏通的方法，另外，指导者对自己的安排应预先花费一定的时间给予解释和说明，力求集体的和谐。习得者之间应有一种互相帮助的学习氛围。"上下互动"和"平等互动"，在"心理互动"完成后进行。"上下互动"包括"指导者和习得者之间的互动"和"习得者之间互动"。在这个互动过程中，主要指知识丰富的人给知识欠缺的人进行指导。"平等互动"也包括"指导者和习得者之间的互动"和"习得者之间互动",主要表现在相互理解、相互支持、共同协作和目标一致等方面。

6. 人景互动子模式:指导者⟵⟶情景⟵⟶习得者

在该模式中,精选旅游情景,包括语言产生时周围的情况、事件的性质、参与者的关系、时间、地点、方式等。"指导者"与"情景"的互动关系主要体现在"指导者"指导"习得者"充分利用现有的语言情景,如优化校园内可借用的场景,模仿和裁剪电影里的精彩片段,模仿教学带里的场合。"习得者"与"情景"的互动关系主要体现在"习得者"要成为被选择情景中的人物角色,需要做出很大的努力,这个努力的过程就是知识内化的过程,是一个主观能动的过程;另一方面,"习得者"的语言必须是情景中的语言,所以又受到情景的制约。

第四节 小结

旅游英语习得是在普通英语基础上的习得。一方面,旅游英语属于语言与普通英语有类似的语言形式;另一方面,因为旅游英语是一种具体语境中的语言,习得有明确的目的,表达的内容和形式又存在差异。因此,旅游英语习得要以现有的词汇、句子、语篇知识为基础,找出原型,以原型为基础,通过隐喻、转喻等认知方式,并顺从人类的认知经验、认知模式,通过引申、模仿、整合等方式获得旅游语言。在长期的语言表达实践中,词汇、句子、语篇的组建有类似的程序和规律。词、句、话语是一个连续体,我们顺从这些规律,得出了旅游英语语言实体表达通用公式,这公式具有普适性特征,适合于词汇、句子和语篇,为语言的表达提供了框架。此外,该公式具有生成性,能发生演变,使实体内部之间、实体与实体之间形成了一个从量变到质变的语言表达连续体。如果按照这些规律习得语言,习得效果就会好得多。同时,要突出话语的最终地位;因学习者有一定的英语基础,要在建构话语中习得词语、结构式、表达方式。此外，旅游英语是具体语境中的语言，因此旅游英语语言的习得一方面要遵循语言的规律，另一方面要在语境中习得语言和应用语言；在此，我们构建了旅游英语情景训练模式；该模式包括一个总模式，五个子模式；总模式是子模式的整体框架，子模式可以限制参与者的行为；该模式具有多元性、灵活性、针对性、可操作性，有利于习得者培养能力和提高实习实训质量。总之，语言习得要以学习理论、认知语言学理论为指导，以现有的经验为基础，提高认知能力，在理解的基础上习得语言，在实践中操练语言，并选择正确的方式、方法。如此反复，习得便自会有较佳效果。

第九章

结　语

本书对旅游英语研究现状和认知语言学研究现状进行了综述，对现有研究成果进行了述评；提出了迫切需要解决的问题。针对存在的问题，提出了研究的方法，提出了旅游英语认知研究相关理论，构建了旅游英语语言认知解读理论框架。以理论为指导，对主要语言实体（词汇、句子、语篇、语境）等方面的语言特征进行了认知阐释，并针对语言演变的规律，提出了语言演变模式。在成果应用部分，针对相关理论，提出了相应的教学策略和教学方法。针对旅游英语语言演变规律，提出语言表达公式和语言演变公式。最后，针对认知学习理论提出了旅游英语语言情景训练模式。下面重点从本书特色与创新、主要观点、研究的局限性等方面进行比较详细的总结，并提出继续研究的设想和希望。

第一节　特色与创新

本书有自己的特色，提出了一些新观点，创立了一些新模式，探索了语言表达公式，深信它具有一定的实用价值和推广前景。笔者认为有七个方面的特色。（1）目前的专著主要着重于本体研究和国外理论的引入，对理论的检测和应用性研究太少。本书可以在理论的应用过程中，检测、补充和完善理论。（2）研究内容力求全面、系统，包括了主要的语言实体：词汇、句法、语篇以及相关语境；研究范围尽量全面铺开，如：从静态的语言研究过渡到动态的语言研究；从语言本体研究过渡到语言应用研究。（3）书的结构体系力求完整，包括理论体系、实体研究体系和成果应用体系三个方面的内容。（4）实用性较强。现有的旅游英语研究成果，得到了全国各地多所著名旅游风景区所在大学专家的认可，同时，论文下载频率明显高于同类成果。（5）具有一定的独创性。认知语言学理论与旅游英语研究相结合的研究很少，专著暂时没有。（6）该书采用图、表、模式、公式等表达方式阐述语言现象、总结语言规律力求语言表达向程序性语言过渡，一方面语言表达直观、信息含量大、容易理解和模仿，另一方面对信息加工理论等认知学习理论的发展和完善具有一定的参考价值。（7）适用范围比较广。可供从事旅游事业的英语导游、旅游教师以及旅游英语习得者提供指导。此外，可以为从事其他英语教学与科研的教师和大学生、研究生以及教育教学管理人员和语言学爱好者参考。因此，我们认为这本书在研究对象、研究内容、理论应用、研究方法和实际应用等方面都有一定的新意。

在研究对象方面，语言研究紧密结合旅游产业，结合认知学习理论，强调旅游情景下的导游应变能力的培养，并提出了具体的语言训练模式；在研究内容方面，研究旅游英语的人不多，并且主要强调普适性特征。本书既强调普适性特征还强调语言的应变性特征，强调在认知语境下导游应变能力的培养。现有的研究，很少强调内在联系。本书强调语言表达实体（词汇、句子、语篇）内部的内在联系，也强调表达实体之间的联系，发现语言表达实体可以用一个通用公式来表达，而且发现词汇、句子、语篇的演变规律也可以用一个公式来表达，这为语言知识的迁移提供了捷径。本书还强调旅游英语和普通英语的内在联系，并且，结合认知语言学理论，研究了普通英语向旅游英语的转化规律。同样，也为语言知识的迁移提供了捷径。此外，强调语义和结构的内在联系、强调语义和语境的内在联系，强调认知语言学理论在阐释旅游英语现象时各自的地位和作用，并构建了旅游英语认知解读理论框架。在理论方面，本书扩大了认知语言学的研究范围，强调语言的转化和语言的构建，并抽象出一系列模式和公式，为计算机程序化语言的研究提供了基础性成果。在方法论方面，现有的研究成果是分散的，没有形成完整的体系；本书多种方法相结合，从大量的语言事实中收集了许多语言材料，通过描写、分析、归纳、抽象对语言事实有了比较清楚的认识，这样对语言现象的阐释也比较全面。此外，语言研究，紧密结合教学实践，避免了单纯理论研究的弊端，使研究成果与实践相结合，为旅游英语教学提供正确的教学策略，为习得者提供了语言学习的路径和方法。

第二节　主要观点

在理论方面，笔者认为旅游英语知识主要来自人的身心体验，基本的认知模式，基本的分类和基本等级范畴（basic level category）。体验在人们的生活中是非常重要的，以人类获得的经验为基础，可以逐渐地理解周围的世界。旅游英语特征的形成同样受到人的身心体验、理想认知模式（Idealized cognitive models，简称 ICMS）和原型范畴等心理表征的影响，其中理想认知模式包括意象图式（简单的理想认知模式）隐喻模式和转喻模式、图式、框架或脚本（复杂的理想认知模式）等。信息存在的方式主要是心理表征。认知图式是认知语境的心理表征，是认知语境中缺省语境的存在形式。人们常把有关事物和行为的知识、命题集中在一起，形成抽象的结构，以缺省的方式储存在记忆中。当明示语境激活缺省语境时，认知图式就还原成一系列有关的知识命题，与明示语境一起，成为认知语境；认知语境是一个心理建构体，而非实际的客观世界，但是对旅游英语语言的形成和语言的表达起着至关重要的作用。

在本体研究方面，从词汇、句子、语篇、语境等角度阐释语言实体之间的演变规律和内在联系。在词汇方面，认为旅游英语构词主要采用普通英语中的音译、直译、模仿、合成、缩略等方法。术语构建主要采用隐喻、转喻等手段来实现；词语的搭配主要以现有语境中的核心词为原型与新语境词结合形成新的词汇；搭配的规律符合认知语言学中的象似性原则。概念结构理论是词义发展演变的理论基础；一些旅游词语的专门义可以直接从旧词的原型、次原型分裂或转换而来；原型或次原型的基本层次范畴出现下移的趋势。旅游语境是专门义产生的条件；演变的原型或次原型与旅游语境关系越密切，相应地分裂或转换出的专门义变得越丰富。在句子方面，着重归纳来自普通英语句法的结构特征和功能特征；同时，利用原型范畴理论和象似性理论研究了旅游英语特有的句法特征；这些特征主要体现在句子成分的调整、句型的演变、语态的转化、句子数目的变化等方面。其中，普通英语句型是向旅游英语句型转换的基础；象似性理论是句类和句型演变的认知理据。在语篇方面，发现意象图式可以阐释旅游英语段落扩展的规律，并抽象出一组段落构建模式：辐射式扩展模式、链条式扩展模式、平行式扩展模式、发散式扩展模式、外延式突显模式和内嵌式扩展突显模式。其中辐射式扩展模式涉及几种认知模式，即前后图式、上下图式、左右图式等，链条式扩展模式符合起点—路径—目标图式，平行式扩展模式符合部分—整体图式而发散式扩展模式也涉及几种认知模式，即部分—整体图式和上下图式，内嵌式扩展突显模式牵涉到容器图式、部分—整体图式和中心边缘图式。总之，景点段落的表达已经形成有序的知识结构，可以用常见的意象图式进行阐释。利用原型范畴理论可以对景点语篇进行范畴归类，并且，发现旅游景点语篇之间是有层次关系的，典型语篇（原型语篇）与非典型语篇之间也具有家族的相似性；利用图式理论分析景点语篇，发现内容图式都有共同的框定范围，但又有各自的特征。景点分类信息是激活景点特征语篇内容图式的必要条件。景点语篇形式图式是有序的知识网络，它符合人类认知的顺序。旅游专业知识决定语篇生成的实际效果。旅游景点语篇的构建过程是头脑中原有图式的激活，旅游语境中新图式的产生以及具体旅游语篇生成的过程。

　　语言学理论研究最终目的是服务于语言实践，同样理论的完善也离不开语言实践。在教学中，传授概念结构理论知识，能促进旅游英语词汇的习得与记忆；传授象似性理论知识可以让学生了解旅游英语句型结构的语言特征,可以灵活地使用语言和充分利用现有的知识;在景点段落的建构教学中,联系人的身心体验,可以有效阐释意象图式与段落建构之间的关系,使学生正确把握段落建构的有序性。在景点语篇建构过程中,注意学习者语篇知识的积累,加强旅游专业知识的学习,帮助学习者形成丰富的旅游语篇图式,为语篇的生成提供充分的条件。加强典型语篇的教学,以点带面的方式促进外语教学;同时,根据各语篇的内在的联系,加深学生对知识的记忆,促进学生语言知识的迁移。同样,在语言的习得过程中,要遵循语言形成和发展的规律,通过对各个语言实体形成和发展规律的研究,不仅发现语言实体间是一个相互衔接的连续体,而且发现词汇、句子、语篇的演变规律也是按照同样的次序在循环;语言实体的表达可以用一个公式来表示,语言实体的演变也可以用一个公式来表达,而语言表达公式又为语言的学习者的学习提供了模板,为语言的生成提供了模式,这样习得者很容易找到正确的学习路径,很容易获得正确的学习策略和方法。此外,认知心理学家认为,语境只提供潜在的刺激,至于这些刺激能否引起反映则取决于学习者内部的心理结构,因此强调学习通过情景领悟或认知而形成认知结构来实现语言学习的目的尤显重要。因此,语言学习要重点培养认知能力、语言表达能力和语言应用能力。高度重视在语境中训练语言,特此,提出了旅游情景训练模式。该模式包括一个总模式,五个子模式:

1. 情景训练总模式:输入→内化→输出→评价
2. 情景指导子模式:准备→任务分配→组织活动→总结
3. 习得主体子模式:接受→操练或整合→表演或总结→相互评价
4. 习得主体间互动子模式:优等生→中等生→差生
5. 多元互动子模式:心理互动 ↗上下互动 ↘平等互动

教学和习得是相互依存和相互影响的关系,教学的目的不仅是传授知识,更重要的是让学习者具备学习的能力。教学单靠空洞的传授难以达到理想的效果,用比较直观的方式向学习者提供如模式、公式等与数理逻辑知识发生关联,一方面学生容易接受,另一方面通过语言规律的摸索和逻辑的推理,简化语言学习机制有利于语言学习者语言迁移能力的培养和学习效率的提高。通过对旅游英语语言现象、语言特征、语言演变规律的阐释,有助于学习者高水平思维的培养,促使语言思维从表层深入到语言的底层,为继续学习提供内在潜力。

第三节 研究的局限性

本书对语言现象的阐释,实际上涉及多个认知语言学理论。有时,一种现象可以用多个理论从多个角度进行阐释;有时,一种现象需要多个认知语言学理论的结合才能获得比较充分的阐释。因为,每一种理论有各自的适应范围,是一定条件下的产物;此外,有些理论是研究同一内容,但因选择的角度不一样,理论表示方式出现差异,但又有它各自的特色和优势。例如图式理论、框架、脚本理论有许多相同之处,但阐释旅游英语现象和特征,又各有自己的特长。本书的研究对一种语言现象的阐释常常突出阐释力度比较大的一种理论,因为本研究是比较宏观的研究。

本书的研究应该是复杂的知识体系。然而,由于时间的限制,我们弱化和省略了一些研究内容,研究中主要突出旅游英语特征中比较明显的部分,如:在词汇中,主要突出词义演变和词汇表达形式的变化等;而句子的研究,主要强调句类的选择、句型的转化的研究;语篇的研究主要突出它的构建方法和构建模式的探讨,而语篇的衔接、连贯等语言现象没有专门分类研究;此外,语篇类型的研究,也只是一个比较狭小的范围,只研究了情景语篇和景点语篇的研究,像广告、指南等语篇没有进行专门的研究;对语境的研究主要突出情景语境、文化语境和认知语境,而对语言语境没有专门研究,因为这类研究已经比较多。本书的研究基本上是比较完整的体系，但是也没有完全体现它的全面性，如旅游英语语音、语调的研究应该也属于非常重要部分，但因为这部分涉及的语言学知识范围比较广、内容比较复杂，准备今后再进行比较详细的分类研究。

虽然我们的研究存在一些局限性，但是整体研究思路清楚，语言研究逻辑性强，省略和弱化的内容基本上可以预测，或从前人的研究中得到答案，或者另有专门研究不再重复。

第四节　回顾与展望

本领域的研究还有很大的潜力。当完成这本书的时候，好像许多研究才刚刚开始，似乎每一章，甚至每一节都能成为一本厚厚的书。然而，无论是深入到微观领域，还是开辟新的宏观领域，路都只能一步一步地走，研究也只能逐步地深入。下面是作者的研究进展：

从宏观的角度思考，我们不仅要研究旅游英语，检验和完善认知语言学理论，我们还要推广到更加广阔的空间：商务英语、计算机英语以及广告英语等，其中，我们另有著作《高职院校专门用途英语教学与研究》（向晓，2013）进行了专项整体研究。同样，我们也可以结合旅游类型研究旅游英语，如：境外导游和境内导游中语言现象也会出现新的特征。此外，我们可以进行专门的对比研究，其中，我们另有著作《旅游英汉语言认知语用对比研究》进行了专项研究（向晓，2017），普通英语与旅游英语对比研究等；此外，认知语言学理论还可以与其他理论相结合进行研究。

从微观的角度思考，研究可以从理论和实体两个方面继续深入研究。在理论方面，我们可以研究下面相关的主题：旅游英语中的隐喻研究，旅游英语中象似性研究，脚本、框架或原型范畴理论在旅游英语中的应用研究，认知语境下的旅游英语应变能力研究，认知学习理论指导下的旅游英语习得研究等。在实体研究方面，我们可以结合认知语言学理论单独研究词汇、句子、语篇、语境、语音、语义、结构等实体。每一个小的实体又可以分裂成更小的实体进行研究。

全域旅游迅速发展，对供给体系提出了新的要求，研究的范围不断扩大，旅游演艺、休闲娱乐、传统节庆活动成为热点。旅游英语语言本体研究需要进一步融合产业；此外，大力实施"旅游+"战略，实现多业态融合发展，旅游英语语言多模态研究将成为热点。

随着旅游业的转型升级，人们对美好生活的追求从向往转向体验。在当今发展形势下，旅游英语认知研究尤显重要。目前旅游认知研究还很薄弱，需要大家的齐心协力，希望广大的读者加入这个科研领域。并把科研与产业、文化有机融合起来，携手共进，全域覆盖，为我国旅游事业的繁荣兴旺贡献自己的一分力量。

参考文献

Anderson, J. R. The Architecture of Cognition. Cambridge, MA: Harvard University Press, 1983.

Anderson, R. C. The Notion of Schemata and the Educational Enterprise: General Discussion of the Conference. In Schooling and the Acquisition of Knowledge, 1978.

Anderson, R. C. Schema – directed process in language comprehension. In: Lesgold. Aetal (Eds.), Cognitive Psychology and Instruction. New York: Plenum, 1978.

Anderson, R. C. and R. J. Spiro. Schema as scaffolding for the representation of information in connected discourse. America Educational Research Journal, 1988: 15.

Barcelona, Antonio. 'On the plausibility of claiming a metonymic motivation for conceptual metaphor'. In: Antonio (ed.), Metaphor and Metonymy at the Crossroads. Berlin, New York: Mouton de Gruyter, 2002: 32—33.

Bartlett, F. C. Remembering: A Study in Experimental and Social Psychology. Cambridge, England: Cambridge press. 1932: 201.

Carrell, P. L. and J. Eisterhold. Schema Theory and ESL Reading Pedagogy. TESOL Quarterly CUP, 1983, 17 (4): 553—573.

Carrell, P. L. and J. Eisterhold. Schema Theory and ESL Reading Pedagogy. Eve Sweetser, From Etymology to Pragmatics: metaphorical and Cultural Aspects of Semantic Structure, Cambridge: Cambridge University Press, 1990.

Cook, G. Discourse. Oxford : Oxford University Press, 1989.

Coulson, S. Semantic Leaps: Frame – shifting and Conceptual Blending in Meaning Construction. Cambridge: Cambridge University Press, 2001.

Croft, W. Typology and Universals. Cambridge: Cambridge University Press, 1990: 164.

Eysenck, M. W. and M. T. Keane. Cognitive Psychology: A Student's Handbook. Hillsdale/N. J. , N. Y. : Lawrence Erlbaum, 1990

Fillmore, C. Topics in lexical semantics. In: R. W. Cole, (ed.), Current Issues in Linguistic Theory. Bloomington, London: Indiana University Press. 1977: 104.

Fillmore, C. Towards a descriptive framework for spatial deixis. In: R. J. Jarvella and W. Klein (eds.) . Speech, Place, & Action: Studies in Deixis and Related Topics. Chichester: John Wiley, 1982.

French and Nelson. Young Children's knowledge of relational Terms: Some its, ors and buts. New York: Springer Verlag, 1985.

Geeraerts, D. Diachronic Prototype Semantics: A Contribution to Historical Lexicology. Oxford: Clarendon Press, 1997. 7 ~ 8.

Gee, J. P. An Introduction to Discourse Analysis: Theory and Method. Rutledge: Rutledge, 1999. Beijing: Foreign Language Teaching and Research Press, 2000: 40—42.

Haiman, John. Iconicity in Syntax. Amsterdam: John Benjamin, 1985.

Hirage, M. K. Diagrams and metaphors: Iconic aspects in language. Journal of Pragmatics. 1994, (22): 5—21.

Hutchinson, T , and A. Waters. English for Specific Purposes. Cambridge: Cambridge University Press, 1987.

Hymes, D. On Communicative Competence. In J Pride & J. Holmes Sociolinguistics. Harmondsworth: Penguin, 269—293.

Keith Johnson, and Helen Johnson. Encyclopedic Dictionary of Applied Linguistics: A Handbook for Language Teaching. Beijing: Foreign Language Teaching and Research Press, 2001. Blackwell Publishers Ltd. 1998, 1999.

Kern, R. Literacy and Language Teaching. Oxford: Oxford University. 2000: 82.

Johnson, M. The Body in the Mind: The Bodily Basis of Meaning, Imagination, and Reason. Chicago: University of Chicago Press, Ltd., 1987: 267.

Lakoff, G. and Johnson. Metaphors We Live By. Chicago: University of Chicago Press, 1980.

Lakoff, G. Women, Fire, and Dangerous Things. Chicago: University of Chicago Press, 1987.

Langacker, R. W. Foundations of Cognitive Grammar: Descriptive Application. Stanford: Stanford University Press, 1991.

Leech, G. Principles of Pragmatics. London: Longman, 1983.

Levinson, S. C. Pragmatics. Cambridge: Cambridge University Press, 1983.

Minsky, M. 'A framework for representing knowledge'. In: P. H. Winston (ed.), The Psychology of Computer Vision. New York: Mc Graw – Hill, 1975: 211—277.

Nänny, Max & Olga Fischer. Form Miming Meaning — Iconicity in Language & Culture. Amsterdam: John Benjamins. 1999.

Nelson, K. Event Knowledge: Structure and Function in Development. Hillsdale, NJ: Lawrence Erlbaum Associates, Inc. 1985: 473.

Nelson, K. Cognitive structure: A component of cognitive context. Psychological Inquiry, Vol. 2. Assue 2. 1991: 199—201.

Nöth, W. 'Semiotic foundations of iconicity in language and literature', In: Olga Fischer, Max Nanny. The Motivated Sign: Iconicity in Language and Literature2. Amsterdam; Philadelphia, PA: John Benjammins Pub. Co. 2001: 21.

Nöth, W. Peircian Semiotics in the Study of Iconicity in Language, Transactions of the Charles S. Peirce Society Summer, Vol. XXXV, 3, 1999.

Quinn, N., and D. Holland. 'Culture and Cognition'. In: D. Holland and N. Quinn (eds.). Cultural Models in Language and Though. Cambridge: Cambridge University Press, 1987: 1—40.

Radden, Günter, and Zoltán Kövecses. 'Towards a Theory of Metonymy'. In: Panther, Klaus – Uwe and Günter Radden (ed.), Metonymy in Language and Thought. Amsterdam / Philadelphia: John Benjammins publishing Company, 1999: 39.

Radford, A., M., Atkinson, D. Britain, H. Clahsen, and A. Spencer. Linguistics: An Introduction. England: Cambridge University Press 1999. Beijing: Foreign Language Teaching and Research Press, 2000.

Richards, J., J. Plat, and H. Weber. Longman Dictionary of Applied Linguistics. London: Longman Group Limited, 1985.

Richards, J. C., R. Schmidt, H. Kendrick &Youngkyu Kim, Longman Dictionary of Language Teaching and Applied Linguistics. Beijing: Foreign Language Teaching and Research Press, 2005: 686—687.

Robinson, P. ESP (English for Specific Purposes). Longdon: Pergamon Press, 1980.

Robinson, P. ESP Today: A Practitioner's Guide. New York and London: Prentice Hall International, 1991: 2—4.

Rosch, E. Principles of Categorization. In: E. Rosch & B. Lloyd (Eds.), Cognition and Categorization. Hillsdale, N. J.: Erlbaum, 1978.

Rosch, E. Natural Categories. Cognitive Linguistics, 1973 (4): 328—350.

Rosch, E. Cognitive Representations of Semantic Categories, Journal of Experimental Psychology: General, 1975: 192.

Rumelhart, D. E. Schemata: The building blocks of cognition. In R. J. Spiro, B. C. Bruce & W. F. Brewer (Eds.). Theoretical issues in reading comprehension. Hillsdale, NJ: Lawrence Erlbaum Associates. 1980: 33—58.

Sadowski, P. 'The sound as an echo to the sense: the iconicity of English gl - words'. In: Olga Fisher, & Max Nänny, (eds.), The Motivated Sign: Iconicity in Language and Literature 2, Amsterdam; Philadelphia, PA: John Benjammins Publishing Company, 2001: 70.

Saeed, J. I. Semantics. Blackwell Publishers Ltd., 1997.

Samovar L. A., R. E. Porter, and L. A. Stefani. Communication Between Cultures. Beijing: Foreign Language Teaching and Research Press, 2000.

Schank, R. C. and R. P. Abelson. Scripts, Plans, Goals and Understanding, Hillsdale/ N. J., N. Y.: Lawrence Erlbaum Associates, 1997: 42ff.

Skehan, Peter. A Cognitive Approach to Language Learning. Oxford: Oxford University Press, 1998.

Strumpf, M., and A. Douglas. The Grammar Bible. Beijing: Published Company of Foreign Language Translation in China, 2004: 43.

Sperber, D and D. Wilson. Relevance: Communication and Cognition. Beijing: Foreign Language Teaching and Research Press. Blackwell Publishers Ltd. Second edition. 2001. 39.

Swales, J. Genre Analysis. Cambridge: Cambridge University Press. 1990.

Taylor, J. R. Linguistics Categorization – Prototypes in Linguistic Theory

(2nd ed.). Oxford: Oxford University Press, 1989: 87—165.

Taylor, J. R. Cognitive Grammar. Oxford: Oxford University Press, 2002.

Tony Dudley-Evans, and Maggie Jo St John. Development in English for Specific Purposes. Cambridge: Cambridge University Press, 1996.

Ungerer F., and H. J Schmid. An Introduction to Cognitive Linguistics, Beijing: Foreign Language Teaching and Research Press, 2001: F36—40, 120, 210—211.

Vandepittea, S. Pragmatic Function of Intonation: Tone and Cognitive Environment. Lingua, 1989. 79: 265—297.

Violi, P. Prototypicality, typicality, and context. In Meaning and cognition. Edited by Liliana Albertazzi, Amsterdam / Philadelphia: John Benjamin Publishing Company. 103—122.

William Croft, and D. Alan Cruse. Cognitive Linguistics, Cambridge: Cambridge University Press, 2004.

Wu Li. Tourism English and Its Translation. Wuhan: Wuhan Science and Engineering University, 2005: 37—44.

Yuan Qiong. A Preliminary Research on Chinese-English Translation of Tourist Materials., Changsha. Hunan Normal University, 2003. Ⅲ-Ⅳ, 27.

Zhang Huan. Translation of English for Tourism in a Cross-Cultural Perspective. Guangxi: Guangxi University, 2001. 15—17.

Zhu Qixin. The Sights of Beijing. Beijing: China Travel & Tourism Press, 2002.

白解红.《当代英汉词语认知语义研究》,北京:外语教学与研究出版社, 2009

白解红. 语境与意义.《外语与外语教学》, 2000, (4): 21—24.

白解红. 多义聚合现象的认知研究.《外语与外语教学》, 2001a,

(12): 9—22.

白解红. 英语仿词的构成方式及翻译.《中国翻译》, 2001b, 22 (50): 27—29.

薄冰, 赵德鑫.《英语语法手册》. 北京: 商务印书馆, 2002.

曹波, 姚忠.《湖南旅游英语》. 长沙: 湖南人民出版社, 2002: 297, 306.

曹波, 姚忠等.《湖南旅游》. 长沙: 湖南师范大学出版社, 2016.

蔡龙权. 隐喻理论在二语习得中的应用.《外国语》, 2003 (6): 38—45.

常骏跃.《旅游英语口语》, 大连: 大连理工大学出版社, 2002.

陈立美. 语境与英文导游辞的创作.《厦门教育学院学报》, 1999: 97.

陈申.《外语教育中的文化教学》. 北京: 北京语言大学出版社, 1999.

陈刚. 跨文化意识—导游词译者之必备—兼评《走遍中国》英译本.《中国翻译》, 2002a, 23 (2): 38—40.

陈刚. 涉外导游词翻译的特点及策略.《浙江大学学报》, 2002b, 32 (3): 67—73.

陈丕琮.《实用英汉旅游词典》. 上海: 世界图书出版公司, 2000.

陈鑫源.《英语口语词典》. 上海: 上海外语教育出版社, 1996.

陈立美. 语境与英文导游词的创作.《杭州师范学院学报》, 1999, (2): 94—98.

程立初. 论人文景观名额的英译.《北京第二外国语学院学报》, 1999, (1): 71—73.

戴凡, StephenL. J. Swmith.《文化碰撞—北美人际交往误解剖析》. 上海: 上海外语教育出版社, 2003: 181.

戴炜栋, 何兆熊.《新编简明英语语言学教程》. 上海: 上海外语教育出版社，2003：127.

瞿舒．图式理论：大学英语写作教学的新视角．《黑龙江高教研究》，2005，(2)：159—160.

樊俊雅．《基于功能语言学的英语景点导游词的语篇连贯研究》，石家庄：河北师范大学（硕士学位论文），2008.

范黎光．《导游业务》．北京：机械工业出版社．2003：13.

顾嘉祖，陆昇，郑立信．《语言与文化》．上海：上海外语教育出版社，2002.

韩荔华．导游词语言技巧．《北京第二外国语学院学报》，1997（3）：12—21.

韩荔华．论导游语言的研究．《语言文字应用》，2001（3）：83—87.

何小庭．《旅游英语应用文写作》．北京：旅游教育出版社，2001.

何战苏，汪揩毅．《游遍三湘四水》．长沙：湖南地图出版社，2003.

何志范．《上海英语导游》．北京：旅游教育出版社，2004.4.

何自然．《语用学与英语学习》．上海：上海外语教育出版社，1997.123.

何自然，冉永平．《关联性：交际与认知导读》．北京：外语教学与研究出版社．2001.

胡霞．略论认知语境的基本特征．《语言文字应用》．2004（3）．

胡霞．《认知语境研究》．杭州：浙江大学（博士学位论文）．2005.

胡壮麟．《认知隐喻学》．北京：北京大学出版社，2004.

黄纬．略论导游语言艺术与技巧．《浙江树人大学学报》，2004，4（3）：70—72.

纪世昌．《汉英旅游词典》．长沙：湖南地图出版社，2003.

康德．《纯粹理性批评》．北京：商务印书馆，1957：3.

蓝纯．《认知语言学与隐喻研究》．北京：外语教学研究出版社，2005：102—109.

劳允栋.《英汉语言学词典》. 北京：商务印书馆, 2004.

（新西兰）里查兹（Richards, J. C.），（美）史密特（Schmidt, R）等编；管燕红、唐玉柱译，《朗文语言教学与应用语言学词典》. 北京：外语教学研究出版社, 2005.

李福印. 当代国外认知语言学研究的热点——第八届国际认知语言学大会论文分析.《外语研究》, 2004（3）：1—9.

李春. 英语导游在跨文化交际中的语用失误分析. 郑州：郑州大学（学位论文）, 2006.

李红. 录像在旅游英语教学中的作用.《外语电化教学》, 2000（78）：14—16.

李伟.《旅游英语口语速成》. 北京：旅游教育出版社, 2003.

李潇潇. 从文化的视角剖析旅游英语中的误译. 成都：成都理工大学（学位论文）, 2008.

李勇忠、李春华. 框架转换与意义建构.《外语学刊》, 2004（3）：24—29.

廖光蓉.《认知语言学基础及其应用》. 长沙：湖南师范大学出版社, 2014.

廖光蓉.《认知语言学与汉语言研究》. 长沙：湖南师范大学出版社, 2016

廖光蓉, 肖云南. 经贸英语词语意义演变的认知研究及习得.《西安外国语学报》, 2003, 11（3）：5—7.

廖光蓉. 多义词关系模式研究.《外语教学》, 2005a, 26（3）：56—59.

廖光蓉. 多义词范畴原型裂变、次范畴化及相关问题研究.《外语与外语教学》, 2005b,（10）：12—13.

孟宏. 认知语义学在大学英语词汇教学中的应用.《教育探索》, 2007（11）：43—44.

米小铃.隐喻观与二语词汇习得.《邵阳学院学报（社会科学版）》.2009,8（3）：89—92.

莫再树.商务合同英语的文体特征.《湖南大学学报》（社会科学版），2003,17（3）：83—88.

刘纯.《旅游心理学》.北京：科学出版社，2004.

刘锋，金起元.旅游英语翻译技巧探讨.《青海师范大学学报》，1995（2）：91—93.

刘上扶.《走遍中国旅游》.广州：世界图书出版社，2003（5）：202.

刘辰诞.《教学篇章语言学》.上海：上海外语教育出版社，2001.

陆国强.《现代词汇学》.上海：上海外语教育出版社，1998.

陆国强.《现代英语构词》.上海：上海译文出版社，1982.

陆建平，简庆闽.旅游英语中语用失误例析.《外语与外语教学》，2001：23.

卢卫中，路云.语篇衔接与连贯的认知机制.《外语教学》，2006：13—18.

罗明江.认知与语言习得.《大庆高等专科学校学报》，1997（2）.

罗蔚宣.《中国世界遗产大观》（Ⅰ）.长沙：湖南地图出版社、湖南文艺出版社，2004a：17,43.

罗蔚宣.《中国世界遗产大观》（Ⅱ）.长沙：湖南地图出版社、湖南文艺出版社，2004b：53.

覃福晓.导游英语特点浅析.《广西师范大学学报》（哲学社会科学版）.2002（2）：208—210

冉永平.语用过程中的认知语境及其语用制约.《外语教学与研究》，2000（8）.

任绍曾.从语篇的角度考察英语句法结构.《外国语》，2001（6）：1—12.

沈家煊. 句法的象似性问题. 《外语教学与研究》, 1993（1）: 2—8.

石毓智. 《女人, 火, 危险的事物——范畴揭示了思维的什么奥妙》评介. 《国外语言学》, 1995（2）: 21—33.

石毓智. 认知语言学的"功"与"过". 《外国语》, 2004（2）: 21—33.

束定芳, 汤本庆. 隐喻研究中若干问题和研究课题. 《外语研究》, 2002（2）: 1—6.

束定芳. 《隐喻学研究》. 上海: 上海外语教育出版社, 2003.

束定芳. 《认知语义学》上海: 上海外语教育出版社, 2008.

束定芳. 《认知语言学研究方法》上海: 上海外语教育出版社, 2013.

孙建军. 浅论旅游英语与跨文化交际. 《韶关学院学报》（社会科学版）, 2001, 22（1）: 46—50.

唐年青, 陈恒仕, 向晓. 《旅游专业英语》. 大连: 大连理工大学出版社, 2006.

田兵. 多义词的认知语义框架与词典使用者的接受视野——探索多义词义项划分和释义的认知语言学模式（一）. 《现代外语》, 2003, 26（4）: 340—350.

田淑芳. 《旅游英语》. 长春: 中国商业出版社, 2003.

文润, 尚清芳. 《中国旅游精华》. 北京: 中国地图出版社, 2003.

韦超兰. 论英语写作教学中图式知识的激活与构建. 《柳州师专学报》, 2005, 20（2）: 105—107.

韦宇冰. 浅谈旅游资料的英译. 《何池师专学报》, 2004, 24（1）: 80—81.

王文斌. 《隐喻的认知构建与解读》. 上海: 上海外语教育出版社, 2007.

王寅. 《认知语言学》. 上海: 上海外语教育出版社, 2007.

汪红. 从听力零课时谈听力教学与训练的框架模式. 《北京第二外国

语学院学报》,2003(4):107—112.

王洪滨.导游词创作论.《桂林旅专学报》,1998,9(4):66—69.

王建华,周明强,盛爱萍.现代汉语语境研究.杭州:浙江大学出版社,2002:329.

王立弟.翻译中的知识图式.《中国翻译》,2001,22(2):19—25.

王振亚.《语言与文化》.北京:高等教育出版社,1999.

文娟.英语习语教学的认知语言学研究.《湖南第一师范学报》,2009,9(1):125—126.

伍新春.《高等教育心理学》.北京:高等教育出版社,2001:128,129,179,186.

武雪霜.谈词汇习得的认知规律与词汇教学.《教育与职业》.2006(23):114—115.

向前进.How to Study Read.《实用英语综合教程》.北京:高等教育出版社,2002.

向晓.怎样攻破定语从句中的难点.《素质教育理论与实践》.长沙:湖南人民出版社,1999.

向晓.论旅游英语中的情景意义和文化模式.《外语教学》,2006a,27:81—82.

向晓,廖光蓉.旅游英语词语的动态研究.《安阳工学院学报》,2006b(2):130—134.

向晓.从认知的角度研究外语教学中的文化导入.《中国教育导刊》,2006c(13):69—70.

向晓.旅游景点语篇原型范畴研究与运用.《乐山师范学院学报》,2006d,21(9):77—79.

向晓.从文化的角度研究旅游英语中的隐喻构建.《广西教育学院学报》,2006e(5):137—139.

向晓.意象图式与旅游英语景点段落构建及其教学启示.《四川教育

学院学报》, 2006f, 22 (11): 33—35.

向晓. 《旅游英语特征研究的认知语言学视角》. 长沙: 湖南师范大学 (学位论文), 2006h.

向晓. 旅游词语汉英文化对比. 《牡丹江大学学报》, 2007a (2): 28—30.

向晓, 廖光蓉. 心理特征·案例分析·教学对策. 《长春理工大学学报》, 2007b (3): 108—110.

向晓. 旅游英语句法动态研究. 《四川外国语学院学报》. 2007c: 52—55.

向晓, 廖光蓉. 脚本理论与情景会话的构建. 《语文学刊》. 2007d (10).

向晓, 张春辉. 视听说课程校内实训模式探讨. 《成都大学学报》. 2008a (8): 74—77.

向晓. 图式理论与旅游英语景点语篇构建. 《黄山学院学报》. 2008b, (3): 135—137, 19—22.

向晓. 认知语境视域下跨文化交际能力培养研究. 《当代教育理论与实践》. 2014, 6 (6): 112—117.

向晓, 李畅. 《旅游实务英语》. 北京: 北京对外经济贸易大学出版社, 2012.

向晓, 李畅. 《旅游实务英语辅导用书》. 北京: 北京对外经济贸易大学出版社, 2012.

向晓. 《高职院校专门用途英语教学与研究》. 北京: 北京对外经济贸易大学出版社, 2013.

向晓. 《旅游英汉语言认知语用对比研究》. 北京: 北京对外经济贸易大学出版社, 2017.

熊学亮. 语用学和认知语境. 《外语学刊》. 1996 (3): 3—9.

熊学亮. 《认知语用学概论》. 上海: 上海外语教育出版社, 1999.

徐秀敏. 导游员的审美素质.《北京第二外国语学院学报》, 1995(4): 23—26.

许秀云, 曹春春. 图式与文化—图式理论在外语教学中的应用.《天津外国语学院学报》, 2003, 10 (3): 72—75.

许雪芬. 图式理论与大学英语写作.《长春工业大学学报》(高教研究版), 2004, 25 (4): 72—74.

扬梅. 英语导游词语体特征研究.《贵州大学学报》2004, 22 (4): 109—111.

姚宝荣, 韩琪. 旅游资料英译浅谈.《中国翻译》, 1998a (5): 27—30.

姚宝荣. 论英文导游词的创作.《外语教学》, 1998b, 19 (1): 85—90.

姚保荣.《模拟导游教程》. 北京: 中国旅游出版社, 2004: 159, 219, 331 和 344—345.

姚忠, 曹波. 关联理论与旅游翻译的关联《安徽理工大学学报(社会科学版)》2016, 18 (6): 95—99.

袁贤诠, 赵伐.《旅游英语》. 重庆: 重庆出版社, 1999.

袁毓林.《语言的认知研究和计算分析》. 北京: 北京大学出版社, 1988: 55.

张国荣. "支架"理论在英语写作教学中的应用.《外语与外语教学》, 2004 (9).

赵莉莉. 跨文化视角下旅游英语翻译策略研究《外语研究》, 2013 (11): 369.

赵艳芳.《认知语言学概论》. 上海: 上海外语教育出版社, 2004: 73, 81.

张军.《饭店职业英语》. 昆明: 云南大学出版社, 2000: 262.

周纬, 钱中丽, 王宏建.《旅行社英语》. 广州: 广东旅游出版社,

2003：191.

朱纯．《外语教学心理学》．上海：上海外语教育出版社，1993.

朱华．《四川英语导游景点讲解》．北京：中国旅游出版社，2004a：344—354.

朱华，赖宇红．《西南旅游英语基础教程》．北京：北京大学出版社，2004b：95.

朱华．《旅游英语教程》．北京：高等教育出版社，2006，2008.

朱遂．图式理论与二语写作．《外语与外语教学》，2005（2）：21—24.

朱歧新．《英语导游必读》．北京：中国旅游出版社，2005.508—509.

朱永生．框架理论对语境动态研究的启示．《外语与外语教学》，2005（2）：1—4.

后 记

本书曾于2010年3月首次出版,原名《旅游英语语言认知解读》。时代在发展,语言在演变;本次再版对原书内容和数据进行了更新、修改与补充,对后期的研究进行了介绍。

这部书的原型虽然是我的第一部著作,但就旅游英语本体研究而言是相对完整和比较系统的,我的后续研究与它紧密相关,2013年10月,我出版了著作《高职院校专门用途英语教学与研究》,结合企业行业需求针对高职学生学习特点,从比较宽泛的视角研究语言的教学应用;2017年9月,出版了著作《旅游英汉语言认知语用对比研究》,从英汉对比的角度研究旅游语言,是跨语言、跨文化、跨视角的探讨。

同行学者们在本人相关论文著作后主要后续研究有:

[1] 卞小艳. 电影《少年派的奇幻漂流》中认知冲突的解读[D]. 中国矿业大学,2014.

[2] 国策. 就业导向下高职旅游英语实践教学的创新与思考[J]. 课程教育研究,2017 (38).

[3] 胡凰. 高职公共英语教学中ISAS的应用研究[D]. 湖南农业大学,2015.

[4] 何建友. 国内旅游英语教学二十年研究综述(1994~2014)

[J]. 教学研究, 2016 (04).

[5] 金柚廷. 基于任务型教学法的韩国高级汉语视听说课设计 [D]. 山东大学. 2011.

[6] 李娟娟. 归化和异化在口译中的运用和探索 [D]. 上海外国语大学, 2009.

[7] 李娜. 真实性评价在高职英语视听说课程教学中的应用研究 [D]. 湖南科技大学, 2011.

[8] 荣海龙. "旅游英语"课程教学现状及改革研究 [J]. 求知导刊, 2016 (10).

[9] 孙博. 图式理论对英语模拟导游教学的启示——以海南景点为例 [J]. 海外英语, 2015 (21).

[10] 苏晓轶. 图式理论与旅游英语教学 [J]. 工会论坛 (山东省工会管理干部学院学报), 2009 (02).

[11] 魏文鑫. 文本世界理论中的情态研究 [D]. 燕山大学, 2012.

[12] 王龙本. 词汇概念与认知模式理论视角下旅游新闻中隐喻基于语料库的英汉翻译研究 [D]. 西安外国语大学, 2017.

[13] 徐倩. 图式理论视阈下英语导游词教学探析 [J]. 泰州职业技术学院学报, 2014 (03).

[14] 殷优娜, 李杉杉. 从格式塔"异质同构"理论看旅游文本中文化意象的翻译——济南园博园一处景点英译的个案分析 [J]. 中南民族大学学报 (人文社会科学版), 2012 (06).

[15] 周东华. 导游口译特点与技巧浅析 [J]. 考试周刊. 2011 (60).

[16] 赵俣. 图式理论对旅游专业英语教学的指导作用 [J]. 中国

科教创新导刊．2012（36）．

  我们的研究自开始以来，受到广大朋友的关注与厚爱，在此表示深深的感谢！万变不离其宗，语言本体研究是一切语言应用研究的基础，我们这次对首创著作重新修订出版，希望它能与时俱进并继续发挥余热，期待大家继续与我们同心协力共创美好未来。

向晓
记于湖南长沙